Courtney Porter

A. Comblain et J.A. Rondal

Apprendre les langues

Où, quand, comment ?

MARDAGA

© 2001 Pierre Mardaga éditeur
Hayen, 11 - B-4140 Sprimont (Belgique)
D. 2001-0024-04
I.S.B.N. 2-87009-764-6

*A Wally Lambert,
qui a imaginé et expérimenté la méthode
immersive avant tout le monde.

Et à Clément et Clarisse
qui se préparent à entrer
dans l'aventure immersive.*

Préface

Au début des années soixante, un psychologue social d'origine américaine, enseignant à l'Université anglophone McGill de Montréal, Wallace Lambert, fut chargé par la Communauté anglophone du Mount, de mettre au point et de contrôler scientifiquement une expérience langagière au début du cycle primaire dans certaines classes anglophones de l'Ecole St. Lambert, à Montréal. Wally eut l'idée géniale d'organiser un enseignement immersif en partie en anglais, langue maternelle des enfants, et en partie en français. Il fit venir, à ce dernier effet, des enseignants Français, ce que les Québécois ne lui ont pardonné que très difficilement (sans doute à juste titre). La méthode immersive fut acceptée par les parents et les responsables scolaires, lesquels voyaient d'un bon œil le fait d'exposer intensivement leurs jeunes enfants à la langue française et ce dans le contexte scolaire même. La même initiative (dans l'autre sens linguistique) a été beaucoup plus difficile à accepter pour les Québécois francophones; l'idée d'exposer leurs enfants précocement et systématiquement à l'anglais, ravivant chez eux la vieille crainte de l'élimination de la langue française dans une province, à l'époque largement dominée économiquement et politiquement par les anglophones, qui ne s'était pas encore munie d'un arsenal légal de défense du français. Ce qui, incidemment, a conduit Wallace Lambert à l'importante notion de bilinguisme additif et soustractif.

L'initiative immersive a rencontré un grand succès et a été largement étendue (jusqu'à aujourd'hui) à de nombreuses écoles canadiennes et américaines du Nord (y compris au niveau universitaire — voir, par exemple, les programmes de formation des maîtres en immersion de plusieurs universités canadiennes anglophones; le premier ayant été lancé à l'Université Simon Frazer, en Colombie britannique, dans les années quatre-vingt).

Notre but dans ce livre est de persuader le lecteur francophone qu'il n'est plus nécessaire, depuis un bon moment, de se demander comment favoriser un apprentissage efficace des langues étrangères chez nos enfants. La méthode existe depuis les travaux princeps de Wallace Lambert. Il est presque ridicule de voir et d'entendre les gesticulations et les interrogations des responsables pédagogiques et de certains « décideurs » politiques de nos pays, sur la façon de procéder en ces matières. De même, il est irresponsable de retarder l'introduction de la méthode immersive dans nos systèmes scolaires. Il n'est peut-être pas trop tard, avec un peu de bon sens, et compte tenu du retard des autres pays européens, pour faire d'un système belge ou wallon une vitrine européenne. Nous avons du mal à comprendre pourquoi même ce dernier objectif, qui devrait pourtant en appeler à l'ego de la gens politica, ne suffit pas à faire avancer les choses plus rapidement.

Nos remerciements vont à Anastasia Piat-Di Nicolantonio, secrétaire du Laboratoire de Psycholinguistique, pour son aide précieuse lors de l'informatisation du manuscrit, et à Nathalie Stoffe pour son assistance lors de la vérification des épreuves d'imprimerie.

Introduction

Il est à peine besoin d'insister sur importance individuelle, économique, et culturelle, de la connaissance pratique d'une ou de plusieurs langues étrangères[1]. Au moment où s'organise l'intégration européenne, il est évident que chaque pays, et particulièrement la Belgique, plaque tournante et centre décisionnel de l'Europe, se doit de préparer ses ressortissants de façon à ce qu'une fois arrivés sur le marché du travail, désormais élargi à une vingtaine de nations, en attendant davantage, ils disposent des moyens éducatifs, particulièrement linguistiques, nécessaires à leur qualification professionnelle dans un contexte différent de ce qu'on a connu pendant les siècles précédents.

François Mitterand déclarait en mars 1987 que l'Europe de la culture serait celle où un grand nombre d'étudiants européens pourraient, par exemple, commencer leurs études à la Sorbonne, Paris, les poursuivre à Oxford, Angleterre, et les terminer, éventuellement à Heidelberg, en Allemagne.

Le problème, cependant, est plus général et davantage vital pour la santé de nos économies. A la question posée par un journaliste du quotidien *Le Monde*, «Que deviendra l'Europe face aux USA, lorsqu'elle présentera un marché unifié?», Gianni Agnelli, l'ex-Président de la Fiat et sénateur italien à vie, répondait : « L'Europe sera en réalité le terrain d'un affrontement de plus en plus âpre avec les grands groupes Américains... L'ouverture d'un grand marché communautaire n'est pas suffisant. Cela peut aussi être une aubaine pour nos concurrents extérieurs. La Communauté Européenne doit parallèlement contribuer à créer un environnement favorisant les initiatives de coopération des entreprises entre les états membres » (*Le Monde*, le 28 mars 1988). Et Agnelli d'insister sur la nécessité de créer une culture industrielle européenne, laquelle ne peut être envisagée que si les avantages du multilinguisme sont élargis à une majorité de grands entrepreneurs, de cadres, de responsables techniques, d'administrateurs, de décideurs politiques, etc.

Nous sommes à la croisée des chemins et il est permis de penser que dans une Europe davantage unifiée, la connaissance de deux langues, ou plus, va rapidement devenir une condition *sine qua non* de pleine citoyenneté européenne, dont l'importance équivaudra à celle des niveaux éducatifs et de formation eux-mêmes. Celui ou celle qui ne pourra s'exprimer que dans sa seule langue maternelle verra ses capacités de communication, d'étude, et de travail drastiquement limitées. Ce type de situation pourrait même être considéré comme une forme nouvelle d'illettrisme.

Or, quelle est à ce jour la situation dans notre pays (et les pays voisins) en matière d'apprentissage et de pratique des langues étrangères ? Force est de constater qu'elle est peu brillante. Tout semble indiquer qu'en politique éducative à ce point de vue, et en politique tout court, comme d'habitude dans le passé des dernières décennies, on attend « le fait accompli » avant (d'être obligé) de « bouger ». Par ailleurs, il y a ceux qui prétendent, et s'efforcent encore de faire croire aux autres, que tout est pour le mieux dans le pays (ou, au moins, en Communauté Française) pour ce qui est de l'apprentissage scolaire des langues étrangères. Ce type d'avis se retrouve chez les inspecteurs d'enseignement des langues. Un tel aveuglement confine à la pathologie. De notoriété publique, les résultats enregistrés dans la connaissance des langues étrangères au terme de l'enseignement secondaire sont extrêmement décevants chez la très grande majorité des adolescents. Bien peu sont capables de soutenir une petite conversation improvisée dans la première langue étrangère « apprise » après des centaines d'heures de cours, pour ne rien dire des niveaux en langues (étrangères) seconde et tierce, le cas échéant.

D'autres conscients au moins partiellement du problème cherchent à en minimiser la portée. Après tout, la situation en Wallonie ne serait pas pire que chez nos voisins français, allemands, italiens, etc. C'est probablement vrai ; mais on ne peut asseoir une politique éducative sur un tel manque d'ambition et de sens des responsabilités.

Enfin, et heureusement, il y a ceux, beaucoup trop peu nombreux, qui, au prix de beaucoup de travail, d'ingéniosité, et de mille difficultés, se sont lancés dans l'aventure consistant à compenser localement les carences éducatives de l'Etat, en organisant des enseignements divers avec l'objectif de donner aux enfants dont ils ont la charge un bagage de connaissances et de capacités fonctionnelles en langue seconde. Dans la suite, nous analysons quelques-unes des réalisations effectuées dans ces contextes, certaines très remarquables. Il faut souligner l'héroïsme, le mot n'est peut-être pas trop fort, de ces personnes, parents, directeurs d'école, inspecteurs et/ou responsables d'associations. Leurs actions, en effet, se sont situées et se situent encore, en grande partie, en dehors de celles des pouvoirs publics même si ces derniers en sont venus à les tolérer. Nous signalons avec plaisir la contribution de l'Association PROLINGUA — Association pour l'Apprentissage Précoce des Langues et l'Enseignement Bilingue et Trilingue —, et de son infatiguable Présidente, la Comtesse Tessa de Broqueville, quant à la promotion de l'apprentissage des langues chez les Francophones de Belgique. Malheureusement, dans le passé (et encore récemment), certains décideurs politiques ont manifesté beaucoup d'incompréhension, voire d'opposition aux tentatives de développer un apprentissage moderne des langues étrangères

(« les méthodes immersives portent la marque d'un élitisme éducatif »; alors que le rôle des pouvoir publics est précisément de favoriser la généralisation des méthodes efficaces au lieu de chercher — bêtement, qu'on nous pardonne — à écrêter tout ce qui dépasse) et les administrations concernées ont plus souvent qu'à leur tour multiplié les tracasseries administratives.

Et pourtant, la méthodologique adéquate existe. Elle a été évaluée, testée. On a vérifié qu'elle ne nuisait pas aux autres apprentissages scolaires. Il s'agit de la méthode immersive dont il sera largement question dans le présent ouvrage. Cette méthode a été introduite expérimentalement en classe de dernière maternelle au Lycée mixte Léonie de Waha de Liège, en 1989, à l'initiative de l'APELMI (Association pour l'Enseignement des Langues par la Méthode Immersive) — particulièrement de son fondateur Jacques Heynen et de son active et déterminée cheville ouvrière pendant de longues années, Maryvonne Wertz —, de l'Echevinat de l'Instruction Publique de la Ville de Liège (alors dirigé par Alain Tison); de l'Inspecteur Cantonal Louis Habran, et du Laboratoire de Psycholinguistique de l'Université de Liège. Elle a continué d'être appliquée avec un grand succès et une grande résonance chez les parents jusqu'à aujourd'hui. L'un d'entre nous (J.A. Rondal) avait déjà fait la proposition d'officialiser cette approche dans une partie (au moins) des écoles, lors des travaux d'une *Commission sur l'Apprentissage Précoce des Langues Etrangères dans la Communauté Française de Belgique*, réunie à l'initiative de Jean-Pierre Grafé, alors Ministre de l'Enseignement de la Communauté Française. Le rapport de la Commission, déposé en juin 1990 et accepté par le Ministre Grafé, recommandait : (1) l'obligation (et non plus seulement l'autorisation) d'enseigner une seconde langue dans les années 5 et 6 du cycle primaire; (2) que l'enseignement primaire offre le même choix de langues que le secondaire; (3) que le nombre d'heures d'enseignement et de pratique de la langue seconde, au primaire, soit fixée à 3 heures/semaine en région wallonne (l'arrondissement de Bruxelles capitale délivrant déjà à ce moment 3 fois deux heures d'enseignement du néerlandais par semaine); et (4) une meilleure formation des maîtres du primaire en matière de langues étrangères. J.A. Rondal avait fait ajouter une note de minorité au rapport de la dite commission, stipulant que s'il ne s'opposait pas aux propositions majoritaires (constituant un progrès, certes, par rapport à la situation existante). Il les estimait insuffisantes et recommandait la généralisation de la pratique immersive ainsi qu'un démarrage des activités de familiarisation et d'apprentissage d'une langue étrangère dans la dernière année du maternel, soit dès 5 ans d'âge. Les propositions de la Commission Grafé n'ont pas été traduites dans les faits. On en est resté à la situation précédente jusqu'au décret pris par la Ministre Communautaire Onkelinx, en 1998, dont il sera question au Chapitre 1. Actuellement, en Communauté Française, l'enseignement bilingue est possible à partir de la 3e maternelle, à condition qu'il soit « intégré dans le projet pédagogique de l'école ».

Il est plus que temps, dans l'intérêt supérieur de nos enfants et de nos concitoyens, de se mettre à organiser sérieusement un apprentissage efficace des langues étrangères en l'articulant sur les connaissances techniques disponibles. L'opinion publique ne pourra tolérer beaucoup plus longtemps, à condition d'être correctement informée sur les réalisations dans d'autres pays et sur les enjeux réels, européens et mondiaux du multilinguisme, un attentisme éducatif de la part des pouvoirs publics comme celui que nous avons connu et connaissons encore aujourd'hui.

NOTE

[1] Le terme « étranger(e) » dans ce contexte doit être compris comme « étranger à la Communauté Française de Belgique », de façon à inclure le néerlandais et l'allemand (par ailleurs, langues également « nationalement ou fédéralement étrangères »).

Chapitre 1
Être multilingue aujourd'hui

La problématique du bilinguisme n'est pas récente. L'histoire nous apprend qu'au IIe siècle avant notre ère, les familles de la haute société romaine possédaient un esclave grec afin de parfaire l'éducation linguistique de leurs enfants (Lietti, 1994). Au XVIe siècle, Erasme vantait déjà les mérites d'une éducation bilingue précoce. Au XIXe siècle et au début du XXe siècle, il était fréquent de rencontrer dans les familles de l'aristocratie européenne une gouvernante française dont la tâche était à la fois de s'occuper des enfants et de leur apprendre le français. La différence entre ces temps révolus et notre époque est que le bilinguisme est devenu aujourd'hui une nécessité. Il devrait être à la portée de tous et non réservé à une élite sociale. Il est indispensable, dans un monde en mutation constante, de fournir aux jeunes enfants les meilleures opportunités d'apprendre intensivement une seconde langue au cours de la scolarité obligatoire.

Les préoccupations scientifiques concernant les divers aspects du bilinguisme ne sont pas neuves. Depuis plusieurs décennies, les psychologues et les éducateurs s'interrogent sur les effets individuels et sociaux de la pratique de plusieurs langues. Mais ce n'est que plus récemment qu'une réflexion sérieuse sur les méthodes et les contextes des apprentissages linguistiques est intervenue.

1. QU'EST-CE QUE LE BILINGUISME ?

Le bilinguisme peut être défini comme « la capacité d'utiliser alternativement deux langues » (Paradis, 1987, p. 422). Il implique la connaissance et l'utilisation de deux systèmes de correspondance sens-forme se présentant chacun avec ses caractéristiques phonétiques, phonémiques, morpho-lexicales, morpho-syntaxiques et pragmatiques (tant pour l'oral que pour l'écrit). Plusieurs types de bilinguisme sont possibles en regard du degré de maîtrise que le locuteur a de chacune des langues. On parle de « *vrai bilinguisme* » ou d'« *ambilinguisme* » lorsque la personne peut utiliser chacune des deux langues comme le ferait un locuteur natif. Ces cas sont plutôt rares. L'« *équilinguisme* » correspond à une situation dans laquelle L_1 et L_2 sont maîtrisées de manière similaire mais où cette maîtrise n'égale jamais, dans aucune des deux langues, celle d'un locuteur natif monolingue. Le dernier cas est celui du « *semi-linguisme* » où le locuteur ne peut formuler complètement une idée dans une langue et doit donc avoir recours à la fois à L_1 et à L_2 pour s'exprimer de manière satisfaisante.

Hormis les degrés variables de maîtrise langagière, il convient d'envisager deux autres critères : l'âge auquel la personne se trouve confrontée à l'apprentissage d'une langue seconde et le statut socioculturel des langues dans une communauté donnée. Le moment d'introduction de la seconde langue dans l'environnement de la personne constitue une variable qui peut influencer considérablement le niveau de maîtrise de cette langue. Ainsi, les enfants peuvent acquérir deux langues, voire plus, de manière simultanée ou de manière consécutive. Certains auteurs, parlant du bilinguisme simultané, utilisent des formules telles que « le bilinguisme comme langue maternelle » (Swain, 1972) ou encore de « deux langues maternelles » (Meisel, 1990). Outre l'étiquette à donner à l'apprentissage simultané de deux langues, il faut préciser ce que l'on entend par simultanéité. Les avis des auteurs divergent sensiblement à ce point de vue. Selon certains (par exemple, McLaughlin, 1978), on peut parler de bilinguisme simultané lorsque les deux langues sont introduites dans l'environnement de l'enfant avant l'âge de trois ans. Padilla & Lindhom (1984), par contre, n'envisagent le bilinguisme simultané que dans les cas où l'enfant a été exposé à deux langues dès la naissance. C'est ce dernier critère qui tend actuellement à s'imposer.

Le statut socioculturel local des langues amène à distinguer deux types de situations : 1) un bilinguisme «*additif*» lorsque les deux langues bénéficient de la même reconnaissance sociale et n'entrent pas en compétition l'une avec l'autre pour l'espace communicatif, et 2) un *bilinguisme « soustractif »* là où une des deux langues est valorisée au détriment de l'autre et constitue une menace pour la survie ou le développement de l'autre langue.

2. LES LANGUES DANS L'UNION EUROPÉENNE

L'Union Européenne compte actuellement onze langues officielles, à savoir l'allemand, l'anglais, le danois, l'espagnol, le finnois, le français, le grec, l'italien, le néerlandais, le portugais et le suédois. Le pourcentage de personnes les pratiquant comme langue maternelle ou langue étrangère varie considérablement (tableau 1).

L'étude publiée par l'Eurobaromètre d'avril 2000 montre que l'anglais est la langue la plus pratiquée dans l'Union Euro-

Tableau 1 — Pourcentages de la population de l'Union Européenne (UE) parlant chaque langue officielle de l'Union comme langue maternelle ou langue étrangère (source : Eurobaromètre, avril 2000).

	% de personnes dont c'est la langue maternelle dans l'UE	% de personnes dont ce n'est pas la langue maternelle dans l'UE	% total de personnes parlant cette langue dans l'UE
Allemand	24	8	32
Français	16	12	28
Anglais	16	31	47
Italien	16	2	18
Espagnol	11	4	15
Néerlandais	6	1	7
Grec	3	0	3
Portugais	3	0	3
Suédois	2	1	3
Danois	1	1	2
Finnois	1	0	1

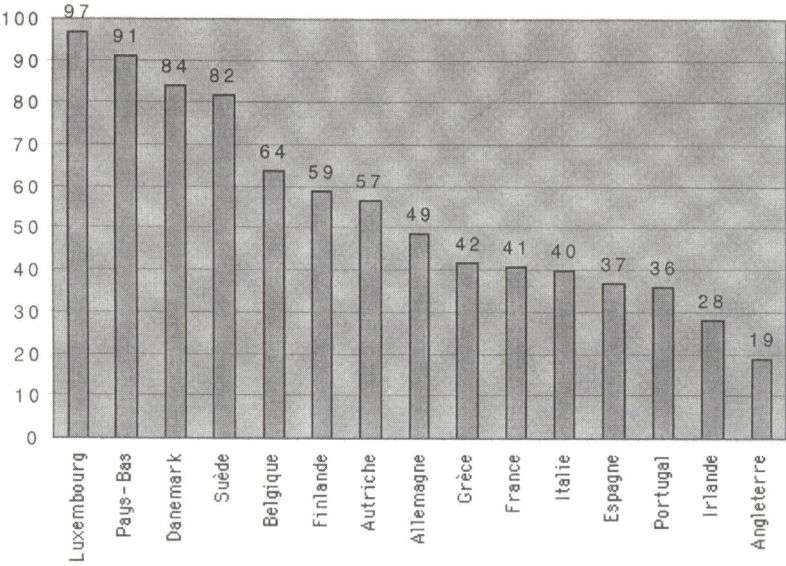

Figure 1 — Pourcentage de citoyens de l'Union Européenne parlant une autre langue que leur langue maternelle.

péenne avec 16% d'individus la parlant en tant que langue maternelle et 31% en tant que langue étrangère. En dehors de l'anglais, l'ordre d'importance des langues correspond approximativement au nombre d'habitants des pays de l'Union dont c'est la langue maternelle. Toujours selon la même source, 44% des citoyens de l'Union Européenne maîtrisent suffisamment une autre langue que leur langue maternelle et peuvent prendre part à une conversation dans cette langue (figure 1).

On constate une grande variabilité entre pays. Ainsi, le Luxembourg se distingue avec 97% de personnes pouvant suivre une conversation dans au moins une autre langue que la langue officielle. Cela est, sans nul doute, dû à la pratique multilingue officialisée depuis un certain nombre d'années déjà dans ce pays. Le Luxembourg est un des rares pays de l'Union a avoir organisé un enseignement multilingue. Les enfants reçoivent un enseignement en luxembourgeois à la maternelle, la scolarité primaire se fait en allemand. La scolarité secondaire, préparant aux études supérieures qui s'effectuent souvent en Belgique, se déroule en français. A l'autre extrémité du continuum, on trouve l'Angleterre avec seulement 19 % de personnes bilingues. On peut comprendre le phénomène sachant que l'anglais est la langue véhiculaire internationale et qu'elle est pratiquée par environ 47 % des citoyens de l'Union Européenne (tableau 1).

3. LE STATUT DES LANGUES EN BELGIQUE

3.1. La Loi linguistique

Dans notre pays, l'apprentissage scolaire des langues est régi légalement. La loi fixe les compétences des communautés linguistiques en matière d'enseignement des langues et détermine, en fonction des régions linguistiques, la langue à enseigner selon le niveau scolaire, ainsi que les modalités d'enseignement.

L'Article 127 de la Constitution stipule que «l'enseignement des langues est une compétence communautaire». Chacune des trois Communautés linguistiques, francophone, néerlandophone et germanophone, a autorité législative sur l'organisation de son système éducatif. Cet article de loi est d'ordre général et se trouve contraint dans son application par la Loi linguistique de 1963 réglant le régime linguistique de l'enseignement. D'après cette loi, la langue d'enseignement est celle de la région linguistique, à savoir le français en Wallonie et le néerlandais en Flandre. L'enseignement est subsidié uniquement s'il est donné dans la langue de la région sauf dans les communes à statut spécial et ce en vue de protéger les minorités linguistiques. La Loi de 1963 fixe également la deuxième langue enseignée par les établissements scolaires. Il s'agit du français en région néerlandophone et dans les écoles de langue allemande de la région germanophone, de l'allemand dans les écoles de langue française de la Communauté Germanophone et du néerlandais dans la région Bruxelles-Capitale. Les élèves de la région francophone ont davantage de choix, puisqu'ils peuvent s'inscrire au cours de néerlandais, d'anglais ou d'allemand.

3.2. La situation dans la Communauté Wallonie-Bruxelles et la Communauté Flamande

L'Eurobaromètre d'avril 2000 donne un pourcentage global de 64 % de Belges maîtrisant une autre langue que leur langue maternelle. Cela place la Belgique en cinquième position dans le peloton européen. Pourcentage apparemment honorable si on considère que 8 pays sur les 15 répertoriés se situent en dessous de la barre des 50 % de bilingues. Pourcentage faible quand on pense que, comme le Luxembourg, la Belgique est un pays trilingue. Il faut ajouter que 58 % des jeunes belges s'interrogent sur leur niveau de maîtrise des langues étrangères au cas où ils auraient à étudier ou travailler à l'étranger, et qu'un peu plus de 30 % se déclarent insatisfaits de leur niveau de maîtrise des langues étrangères.

Une étude réalise par l'INRA-Marketing Unit[1] sur un échantillon représentatif de la population belge distingue les Wallons, les Flamands et les Bruxellois quant à la maîtrise de la seconde langue nationale. Les Flamands sont les plus enclins à apprendre une autre langue nationale. Septante et un pour-cent d'entre eux ont étudié le français comme langue seconde alors que seulement 51 % des Wallons et 63 % des Bruxellois ont étudié le néerlandais comme seconde langue. Il reste, entre outre, que 36 % des Wallons sont monolingues et disent n'avoir étudié aucune langue autre que le Français; 24 % des Flamands n'ont étudié que le néerlandais et seulement 12 % des Bruxellois ne maîtrisent qu'une seule langue (le français ou le néerlandais).

La durée d'exposition à une langue étrangère conditionne considérablement son degré de maîtrise. De nouveau, à ce niveau, les Belges ne sont pas tous égaux. Les Bruxellois se détachent nettement du reste de la population belge avec, en moyenne, 8 ans dévolus à l'apprentissage scolaire de la seconde langue nationale. Les Flamands viennent ensuite avec un peu moins de 7 ans consacrés à l'apprentissage scolaire du français. Les Wallons ne consacrent que 5 ans à l'apprentissage de la seconde langue nationale. Parmi les citoyens des trois communautés nationales, ce sont les Flamands qui consacrent le plus de temps à l'apprentissage d'une langue étrangère en dehors de leurs études.

3.3. La situation dans la Communauté Germanophone

L'allemand est la troisième langue nationale belge. Il est pratiqué comme langue maternelle dans les « Cantons de l'Est ». Ceux-ci furent rattachés une première fois à la Belgique en 1919 à la signature du Traité de Versailles et une seconde fois en 1945 après la défaite de l'Allemagne dans le second conflit mondial. Avant 1918 et le Traité de Versailles, l'enseignement dans les Cantons de l'Est s'effectuait entièrement en allemand. Au lendemain de la signature du Traité, l'Etat belge décida d'introduire progressivement des cours de français dans l'enseignement primaire et de favoriser le bilinguisme allemand/français dans le secondaire; cela afin de faciliter l'accès aux études supérieures s'effectuant généralement dans les écoles de la Communauté Francophone. La Loi linguistique de 1932 établit la légitimité de la langue allemande comme langue d'enseignement en Communauté Germanophone. Au terme de la révision de cette loi en 1963, le Législateur, toujours dans le soucis de favoriser l'accès aux études supérieures, exige le bilinguisme dans les écoles de la Communauté Germanophone. Même si l'enseignement bilingue concerne l'ensemble du pays, l'Article 9 de la Loi linguistique de 1963 distingue la Communauté Germanophone des Communautés Française et Flamande. Au sein de ces deux dernières, l'enseignement des langues peut se faire à partir de la 5ᵉ année primaire pour un maximum de 3 heures par semaine alors que dans la première, l'enseignement de la langue seconde, à savoir le français, est favorisé dès la première année du primaire. L'Article 10 de la

Loi linguistique impose à la Communauté Germanophone le nombre d'heures qui devront être consacrées à l'enseignement du français selon les cycles scolaires. En 3ᵉ et 4ᵉ années primaires, 3 heures de cours par semaine devront être dévolues au français. On passe à 5 heures aux deux dernières années du primaire. Si le Législateur a été très précis sur la répartition des heures de cours de seconde langue de la 3ᵉ à la 6ᵉ année primaire, il est resté très flou, par contre, pour les deux premières années. Comment les écoles ont-elles géré la liberté qui leur était laissée? Pratiquement toutes les écoles primaires organisent des cours de français en 1ʳᵉ et 2ᵉ primaire à raison de quatre fois une demi-heure par semaine. Quelques écoles ont également pris l'initiative d'introduire des cours de français en 3ᵉ maternelle.

La Communauté Germanophone a toujours, par son histoire sans doute, été extrêmement sensible à la problématique de l'apprentissage des langues en milieu scolaire. Depuis le début des années 80, des groupes de travail ont été créés à l'initiative des autorités de manière à mieux coordonner les apprentissages scolaires en langue maternelle et l'apprentissage du français langue seconde. Actuellement, sur base d'une étude approfondie de la situation scolaire et linguistique dans les Cantons de l'Est, le Gouvernement de la Communauté Germanophone envisage une réforme de la Loi linguistique de 1963.

3.4. Le «Décret missions» de juillet 1998

En juillet 1998, à l'initiative de la Ministre-Présidente Onkelinx, le Parlement de la Communauté Française de Belgique a adopté un décret fixant les missions de l'école et planifiant la réforme de l'enseignement fondamental. Parmi les propositions adoptées figurait le point «Tous bilingues en 2001». Par cette «formule choc», et sans doute exagérément ambitieuse au vu de ce qui est réellement proposé, la Ministre entendait que soient données aux élèves des écoles de la Communauté Française les capacités nécessaires à la communication dans une, voire plusieurs, langue(s) étrangère(s). Depuis le vote et l'application de ce décret, toutes les écoles organisées ou subventionnées par la Communauté Française de Belgique sont tenues d'inclure dans le programme des 5ᵉ et 6ᵉ années primaires, deux périodes[2] de cours consacrées à l'apprentissage d'une langue étrangère.

4. PERSPECTIVES EUROPÉENNE : LE «LIVRE BLANC SUR L'EDUCATION ET LA FORMATION» ET LES PROGRAMMES EUROPÉENS

Fin des années nonante, les remous dans le monde de l'éducation, la contestation estudiantine et les réflexions sur la qualité de l'enseignement et de la formation ont favorisé la rédaction du «Libre Blanc sur l'Education et la Formation». Ce document définit cinq objectifs généraux à atteindre au niveau européen : 1) encourager l'acquisition de connaissances nouvelles; 2) rapprocher l'école et l'entreprise; 3) lutter contre l'exclusion; 4) maîtriser trois langues européennes; et 5) traiter sur un plan égal l'investissement matériel et l'investissement en formation. Parmi ces cinq objectifs, c'est le quatrième qui retiendra plus particulièrement notre attention.

Le chapitre consacré à l'exposé des initiatives européennes en matière d'apprentissage des langues débute comme suit : «La maîtrise de plusieurs langues communautaires est devenue une condition indispensable pour permettre aux citoyens de l'Union de bénéficier des possibilités professionnelles et personnelles que leur ouvre la réalisation du grand marché intérieur sans frontières. Cette capacité linguistique doit se doubler d'une faculté d'adaptation à des milieux de travail et de vie marqués par des cultures différentes... L'apprentissage des langues a une autre portée. L'expérience montre que lorsqu'il est organisé dès le plus jeune âge, c'est un facteur non négligeable de réussite scolaire» (p. 54). Il apparaît à la lecture de ces quelques lignes, que le bilinguisme et surtout le multilinguisme sont déjà et ne cesseront d'être des atouts dans le monde de demain. Les responsables européens semblent l'avoir compris et ont développé le programme LINGUA destiné à promouvoir l'enseignement des langues étrangères dans les pays de l'Union. Le 31 mars 1995, les ministres de l'Education des pays de l'Union ont décrété que la maîtrise des langues étrangères ne devait plus être réservée à une élite sociale ou à ceux qui l'acquièrent grâce à leur mobilité géographique, mais que l'enseignement des langues devait être présent dans la formation de tout un chacun. Chaque enfant, dans son cursus scolaire, quel qu'il soit, doit avoir la possibilité d'acquérir au moins deux langues autres que sa langue maternelle. Ces intentions, en elles-mêmes, ne sont pas originales et encore moins révolutionnaires. Cependant, le fait d'admettre officiellement que «Pour parvenir à la maîtrise effective de trois langues communautaires, il est souhaitable de commencer l'apprentissage d'une langue étrangère dès le niveau pré-scolaire, et il paraît indispensable que cet enseignement devienne systématique dans l'enseignement primaire, l'apprentissage de la deuxième langue communautaire commençant dans le secondaire» (p. 54) est d'une importance capitale. Dans le sillage de ces déclarations, le «Livre Blanc» propose une série de mesures visant à aider les établissements scolaires qui se lanceraient dans l'aventure de l'enseignement précoce des langues communautaires (aide aux échanges de matériels pour la formation en langues et aide dans les échanges pédagogiques). Un des objectifs de cette démarche serait de donner aux écoles qui investissent dans l'enseignement des langues communautaires un label de qualité «Classes Européennes».

Que de vœux pieux dans ces déclarations. Les projets sont séduisants, mais hélas, les réalisations sur le terrain sont, tant qu'à présent, rarement à la hauteur des attentes. Même si les responsables européens ne semblent pas douter de l'efficacité et de la nécessité d'un apprentissage précoce des langues étrangères, les projets ne suivent pas aux niveaux nationaux ou plutôt ils sont insuffisamment soutenus politiquement. Les écoles et

Tableau 2 — « Un label de qualité pour les classes européennes », d'après le *Livre Blanc de l'Éducation et de la Formation* (1998).

Objectifs

Développer l'enseignement d'au moins deux langues communautaires étrangères pour tous les jeunes.

Encourager les méthodes innovantes d'apprentissage des langues.

Diffuser la pratique quotidienne des langues étrangères européennes au sein des établissements scolaires de tous les niveaux.

Favoriser la sensibilisation aux langues et cultures communautaires, ainsi que l'apprentissage précoce de celles-ci.

Méthodes

Mobiliser les établissements éducatifs pour assurer l'apprentissage d'au moins une langue communautaire dès l'enseignement primaire.

Définir un label de qualité « Classes européennes » qui serait attribué selon les critères suivants :
- Pratique effective par tous les élèves d'une langue communautaire au niveau de l'enseignement primaire, de deux langues au niveau du secondaire.
- Participation de personnels éducatifs issus d'autres Etats membres de l'Union.
- Mise en œuvre de pédagogies favorisant l'apprentissage autonome des langues.
- Mise en place d'une organisation favorisant le contact entre les jeunes de différents Etats membres (y compris à travers l'utilisation de technologies de l'information).

La promotion de ce label permettra de mobiliser des financements complémentaires de la part des Etats membres (y compris les collectivités territoriales).

Mettre en réseau les établissements ayant obtenu ce label.

Encourager systématiquement la mobilité des professeurs de langue maternelle dans les établissements d'autres pays, comme le permet le droit communautaire et les adaptations qui en ont suivi dans les fonctions publiques.

les associations de parents ne sont pas avares de projets et de propositions. Le monde politique, malheureusement, ne les entend pas suffisamment. Comment réaliser le rêve de certains « tous bilingues en 2001 » quand il faut partir en croisade pour que l'enseignement des langues soit accepté au niveau pré-scolaire ? « Tous bilingues en 2001 », nous en sommes encore bien loin quand on voit que les initiatives en faveur de l'apprentissage précoce des langues de certains établissements sont refusées par le pouvoir organisateur pour de futiles raisons administratives. Nous ne pouvons que déplorer cette attitude négative à l'égard de projets innovants en matière d'apprentissage des langues étrangères et plus particulièrement à l'égard de l'immersion. Il est sans doute vrai que pour généraliser l'enseignement immersif, il faut repenser, du moins en partie, le système éducatif et former les maîtres dans cette nouvelle perspective (et c'est sans doute cela qui dérange le plus). Il faudrait également organiser des échanges d'enseignants entre les pays de l'Union. Cela demande du temps. Mais il est faux et inadmissible de continuer à clamer que l'enseignement précoce des langues est élitiste, qu'il n'est réservé qu'aux « meilleurs », qu'il coûte cher, qu'il est néfaste pour le développement cognitif et linguistique de l'enfant. C'est en continuant à le limiter qu'on le rend élitiste, c'est en ne repensant pas la formation des maîtres qu'on le rend coûteux. C'est ce genre d'opinion chez nos responsables politiques, ou au moins certains d'entre eux, qui contribue à retarder une évolution qui serait pourtant extrêmement favorable.

NOTES

[1] L'INRA-Marketing Unit est un institut européen de statistiques.
[2] Une période de cours compte 50 minutes.

Chapitre 2
Apprendre une première langue

1. LANGAGE ET LANGUE

Le *langage* peut être défini comme une fonction psychosociale utilisant, à des fins de communication, un système linguistique et ceci dans des modalités particulières (parlée, écrite, gestuelle). Toute fonction dispose d'une assise organique, c'est-à-dire de substrats sensoriels, musculaires, et neurologiques centraux et périphériques. D'importantes relations existent entre la fonction langagière et d'autres fonctions psychologiques, particulièrement la cognition non verbale.

La *langue* est définie comme un système de correspondance sens-forme. Qu'elle soit écrite, parlée ou encore gestuelle, elle met arbitrairement en relation des unités de sens, des concepts, avec des unités formelles. Les unités linguistiques sont, du niveau phonétique au niveau syntaxique, combinées entre elles par un consensus implicite, afin d'autoriser une communication intelligible au sein des groupes culturels. Les langues ne sont pas parlées identiquement par tous les locuteurs. Des variations phonétiques, sémantiques, et/ou syntaxiques existent, selon l'origine géographique, sociale, ou encore ethnique. Ces variantes dialectales demeurent mutuellement intelligibles et coexistent au sein d'une même langue, contrairement à ce qui est observé lorsque l'on met en présence des locuteurs de langues différentes (à savoir l'incompréhension totale). Le registre (ou sociolecte) est un autre type de variation linguistique d'ordre plus contextuel, au sens social du terme. Il permet une adaptation du discours aux demandes sociales et communicatives de la situation. Un individu monolingue et/ou « monodialectal » est toujours amené à maîtriser plusieurs registres afin de pouvoir interagir quotidiennement avec ses pairs et d'être, de ce fait, socialement acceptable. L'ultime variation envisagée est caractéristique d'un seul et même locuteur. Le style (ou idiolecte) est, en effet, le reflet de la perspective cognitive de l'individu sur le monde.

L'examen des modalités d'apprentissage des langues nécessite que l'on prenne conscience de la complexité des systèmes langagiers. Le jeune enfant met environ 10 ans pour acquérir l'essentiel, mais non encore l'entièreté, de sa langue maternelle en étant quotidiennement et intensivement « plongé » dans son environnement linguistique et culturel. Il est, dès lors, trivial d'affirmer que le bilinguisme et encore moins le multilinguisme parfait(s) ne peut (peuvent) exister sinon très exceptionnellement. L'apprentissage idéal d'une seconde langue consisterait en une exposition quotidienne et prolongée du jeune enfant à cette langue, et ce des années durant, dans un environnement linguistique adéquat et stimulant. Il est extrêmement difficile et probablement impossible de réaliser ce type d'enseignement (si l'on excepte les cas de bilinguisme simultané où l'exposition aux deux langues se fait dès la naissance dans des conditions favorables). Cependant, même dans ces cas rares, un bilinguisme parfait ne peut sans doute être atteint. Une langue domine souvent l'autre, elle est mieux connue et plus fréquemment utilisée (pour des raisons pratiques le plus souvent). Il s'ensuit également de l'indication ci-dessus concernant la longueur de la période d'apprentissage de la langue maternelle, qu'il ne peut être question d'apprendre une langue seconde — au seul sens véritable de l'expression — en quelques semaines, jours, ou heures, comme le suggèrent régulièrement quantités d'incitations publicitaires évidemment fallacieuses. En un mot comme en cent, l'apprentissage d'une langue est une affaire sérieuse et de longue haleine. Les langues sont des objets complexes, cristallisations de longues évolutions culturelles, qu'il faut appréhender dans toute leur richesse avant de pouvoir espérer profiter des avantages communicatifs et cognitifs qu'elles permettent.

2. LES DISPOSITIFS LANGAGIERS

Un autre point à souligner est le caractère componentiel des langues et du fonctionnement langagier. Différents sous-systèmes constituent le langage. Ils sont au nombre de cinq (eux-mêmes décomposables en un certain nombre de structures de niveaux inférieurs) :

(1) **Le dispositif phonologique** : soit l'ensemble des phonèmes et des dispositifs prosodiques (intonatoires) de la langue ;

(2) **Le dispositif lexical** : soit l'ensemble des lexèmes constituant le vocabulaire de la langue tel qu'il se trouve être repris dans un dictionnaire. On y relèvera le phénomène de l'accent tonique qui fournit une base additionnelle de segmentation du discours en mots et/ou en groupes de mots. En français, par exemple, l'accent tonique est habituellement placé sur la dernière syllabe prononcée du mot ou (le plus souvent) du groupe de mots ;

(3) **Le dispositif morpho-syntaxique** ou encore **grammatical** : il régit la correspondance entre les significations relationnelles (celles qui impliquent plusieurs concepts à la différence des significations lexicales qui n'en impliquent qu'un seul) et les séquences de mots ou de lexèmes ;

(4) **Le dispositif pragmatique** : il organise plus particulièrement la fonction communicative et interpersonnelle du langage : réalisation des différents types de phrases — déclaratives, interrogatives, impératives — gestion séquentielle de l'in-

formation, phénomènes de mise en évidence — emphase — et autres procédés stylistiques et expressifs, deixis (c'est-à-dire ancrage du locuteur dans son énonciation) et cadrage conversationnel de l'échange interpersonnel ;

(5) **L'organisation discursive** : elle concerne la gestion de l'information à impartir dans une production langagière qui dépasse en taille la phrase. On distingue notamment les discours narratif, descriptif et argumentatif. Les narrations s'organisent canoniquement autour d'une trame chronologique. Si la trame habituelle (« par défaut ») n'est pas respectée, il convient d'en avertir l'interlocuteur, en effectuant ce qu'on appelle un marquage (par exemple, *Je vais vous dire comment cela s'est terminé et puis je vous raconterai toute l'histoire depuis le début*). Les discours descriptifs, comme le nom l'indique, doivent répondre à des critères informationnels de précision, de pertinence, de complétion, etc. Enfin, les discours argumentatifs doivent être moulés logiquement et ne peuvent, faute d'une invalidation, comporter des informations contradictoires.

Les composantes langagières sont (normalement) intégrées dans le système général du langage pour permettre un fonctionnement harmonieux. Mais elles disposent chacune d'une certaine autonomie. Celle-ci se traduit par des calendriers développementaux différents (le système phonologique en langue maternelle n'arrive pas à maturité avant environ 5 ans chez la plupart des enfants, époque à laquelle le développement lexical est déjà bien avancé dans ses aspects les plus usuels sans pour autant être terminé). Certains aspects du fonctionnement morpho-syntaxique ne sont pas complètement maîtrisés avant 8 ou 9 ans ; par exemple, la compréhension des passives renversables ou la production des subordonnées temporelles inversant l'ordre chronologique des événements dans la réalité. Cette autonomie se traduit également à l'âge adulte, par des degrés de maîtrise sur les sous-systèmes linguistiques différents selon les individus. Certaines personnes ne disposent que d'un vocabulaire productif relativement limité avec une articulation parfois laborieuse ne les empêchant cependant pas d'utiliser correctement les dispositifs grammaticaux de la langue. L'autonomie relative des différents composants est encore plus évidente dans les pathologies langagières (aphasies, dysphasies, atteintes langagières dans les surdités, arriération mentale, autisme infantile, etc.), où virtuellement toutes les dissociations peuvent être rencontrées. Enfin, l'autonomie componentielle intéresse, tout particulièrement, le développement bilingue et multilingue où des dissociations peuvent être rencontrées en fonction du degré de maîtrise des différents sous-systèmes de la (ou des) langue(s) cible(s).

3. PÉRIODICITÉS SENSIBLES POUR L'APPRENTISSAGE DES LANGUES

Dans ce qui suit, nous fournissons un aperçu aussi peu technique que possible de l'ontogenèse langagière monolingue dans le cas de la langue maternelle française. Pour un exposé plus complet non vulgarisé, le lecteur intéressé pourra se reporter au texte de Rondal, Esperet, Gombert, Thibaut & Comblain (1999). Il est pertinent de se reporter à l'acquisition d'une première langue dans un ouvrage de la nature de celui-ci pour deux raisons au moins. Premièrement, on en connaît considérablement plus sur l'ontogenèse primolinguale que sur celle qui concerne les situations d'apprentissage bilingue ou multilingue. Cette première raison se combine avec la seconde à savoir que les mêmes principes généraux, les mêmes déterminismes et les mêmes étapes de développement s'observent dans l'acquisition des langues qu'elles soient première, seconde, tierce, etc., provision faite, évidemment, de leurs caractéristiques structurales singulières.

Une autre caractéristique générale des apprentissages langagiers doit être mentionnée car elle a une portée directe sur les situations de bilinguisme ou du multilinguisme au-delà du bilinguisme simultané précoce. Il s'agit du problème des périodes critiques ou sensibles pour les apprentissages des aspects formels des langues (phonologie et morpho-syntaxe, essentiellement).

Il est admis, aujourd'hui, et on dispose à ce sujet de diverses sortes d'évidence, qu'il n'est pas nécessaire de reprendre ici (*cf.* Rondal *et al.*, 1999) concernant le fait que les aspects formels en question se trouvent être plus naturellement et plus facilement appris, en admettant l'exposition nécessaire en matière d'input langagier, pendant certaines périodes de l'existence, pour des raisons non connues à ce stade mais qui tiennent vraisemblablement du calendrier de maturation des zones cérébrales du langage. Pour les aspects phonologiques du langage (articulation, discrimination auditive et mémoire acoustique, saisie et reproduction des patrons prosodiques), la période sensible paraît s'étendre de la naissance (ou un peu avant, le dispositif périphérique et central étant déjà fonctionnel environ trois mois avant la naissance) à 8 ou 9 ans d'âge, peut-être moins. Il est malaisé, sinon impossible, de donner une estimation plus précise dans l'état actuel des connaissances; et compte tenu du fait additionnel qu'il existe sans doute d'importantes différences interindividuelles. Cela ne signifie pas qu'aucun apprentissage phonologique ne sera plus possible au-delà de la terminaison de la période sensible en question (laquelle terminaison n'intervient pas abruptement de toute manière), mais bien que les acquisitions non effectuées encore à ce moment où les progrès restant à faire ultérieurement deviendront de plus en plus lents et difficiles.

Il en va de même, *mutatis mutandis*, pour les aspects grammaticaux (morpho-syntaxiques) de base des langues. A ce point de vue, le terme graduel de la période sensible semble intervenir au-delà de quatorze ou quinze ans. Mais cette indication est une simplification trompeuse. Diverses données d'observation suggèrent qu'en réalité, l'efficacité du système nerveux central et des divers dispositifs neurolinguistiques pour la construction de la grammaire de base diminue graduellement déjà depuis 5 ou 6 ans d'âge. Cependant, le rythme du déclin est lent et ne se marque pas nettement avant environ la moitié de la seconde décennie de vie.

Les indications ci-dessus suggèrent qu'il est fortement conseillé, pour des raisons d'efficacité, et donc de coût du point de vue des personnes et des institutions, de programmer les apprentissages linguistiques formels relativement tôt dans l'existence. On notera, cependant, que les aspects sémantiques, pragmatiques et discursifs des dispositifs linguistiques ne paraissent pas, au contraire des aspects plus formels, dépendre de périodicités sensibles, et donc que les apprentissages qui les concernent plus directement peuvent être, si nécessaire ou souhaitable, davantage étalés dans le temps. Ils peuvent également, et c'est souvent le cas chez les adultes apprenant une ou plusieurs langues étrangères plus tardivement, servir à compenser les limitations subsistant quant aux aspects formels des langues en question. Ce qui explique en bonne partie, sans doute, pourquoi des acquisitions grammaticales tardives peuvent encore intervenir sans difficultés excessives chez des personnes suffisamment motivées.

4. L'ACQUISITION DE LA LANGUE MATERNELLE

Après ce qu'on pourrait appeler une période prélinguistique couvrant à peu près la première année de vie, parfois un peu davantage (où le jeune enfant se familiarise avec les aspects prosodiques et phonétiques de sa langue maternelle [discrimination auditive et productions du babillage] et construit les connaissances pratiques qui alimenteront la base sémantique de son futur langage), on entre dans l'acquisition du code linguistique à proprement parlé. Au début de cette nouvelle période, le jeune enfant ne formule pas encore d'énoncés à plusieurs mots. Il produit uniquement des mots isolés. Ceux-ci sont acquis un par un et, au début, relativement lentement.

4.1. Développement lexical

Une question parfois posée est celle de savoir s'il existe une relation entre l'âge des premiers mots et des premiers énoncés à plusieurs mots et le futur développement langagier et intellectuel de l'enfant. A notre connaissance, une telle relation n'est pas établie. Une étude déjà ancienne du psychologue américain Terman en suggère la possibilité toutefois. Terman avait découvert que certains enfants très doués intellectuellement à l'âge scolaire avaient prononcé leurs premiers mots vers 9 ou 10 mois. Mais il ne semble pas que ce soit invariablement le cas, ni que l'inverse annonce inévitablement un développement subséquent lent et moins favorable.

Un *mot* ou *lexème* est une séquence organisée de phonèmes (sons de la langue) qui code (arbitrairement) une représentation mentale. Cette représentation mentale correspond à une *catégorie ou classe* d'objets ou d'événements et non à un objet ou à un événement singulier, sauf dans le cas des noms propres (c'est-à-dire particuliers). Illustrons de quelques exemples. Le mot *table*, en français, réfère à la classe d'objets sur pied(s) ou encastrés, comportant une surface plane servant à déposer quelque chose. Le nombre de pieds, la forme, le matériau, la texture, le style, etc., n'importent aucunement pour la dénomination. Toutes les pièces de mobilier qui correspondent à la définition sont susceptibles d'être dénommées *table*. Dans le cas des mots avec signification abstraites (par exemple, *liberté*, *égalité*, *fraternité*), il n'existe pas de référent à strictement parler. Ce qui n'implique pas, certes, que de tels termes soient dénués de sens. Signification (sens, signifié) et référence sont deux chose distinctes. Les mots concrets ont à la fois un signifié et une classe de référents. Les mots abstraits disposent d'un signifié mais pas de référents précis ou «palpables». On peut, cependant, les représenter de manière concrète (par exemple, une couleur, un slogan, une statue, un objet particulier). Mais c'est la représentation qui est concrète et non le sens du mot qui y correspond.

Comme les mots (dans toutes les langues) sont arbitraires, il s'ensuit qu'ils doivent être appris individuellement. Cet apprentissage comporte plusieurs aspects, comme on va le voir. Il se poursuit toute l'existence (à cadence plus réduite au-delà de l'enfance) car le nombre de termes existant dans les grandes langues de culture, comme le français, atteint plusieurs centaines de milliers (même si le vocabulaire usuel est plus restreint). Il y a donc de quoi apprendre pendant pas mal d'années. Egalement, parce que le vocabulaire d'une langue se modifie continuellement. De nouveaux mots apparaissent en permanence selon les nécessités techniques, culturelles, scientifiques et médiatiques, souvent renouvelées, et selon la créativité et la fantaisie individuelles (dès lors que le reste de la communauté linguistique se joint au mouvement). D'autres mots tombent en désuétude. Le lexique est la partie de la langue qui se modifie le plus et le plus rapidement (rapidité relative), également au contact des autres langues; tandis que les autres composantes (particulièrement la phonologie et la grammaire) sont nettement plus stables à travers le temps (bien que non invariantes, cependant).

Les apprentissages lexicaux comportent *trois aspects principaux*. Il s'agit, *premièrement*, d'appréhender globalement l'association entre un « morceau de réalité concrète » ou une abstraction (mais, dans ce dernier cas, cela sera pour plus tard dans le développement langagier du jeune enfant) et une enveloppe sonore particulière. Il importe, *deuxièmement*, d'arriver à prononcer correctement la séquence de phonèmes qui constitue le signifiant. Il convient, *troisièmement*, d'enrichir le signifié des mots avec tous les éléments de signification (ou au moins les plus importants d'entre eux) qui les constituent. Ces éléments de signification ou traits de signification sont appelés techniquement des sèmes. Ils sont autonomes les uns par rapport aux autres et peuvent donc être appris séparément. Pour le terme *table*, mentionné précédemment, les sèmes primordiaux sont « dotés d'une surface plane » et « servant à déposer quelque chose ». Pour d'autres mots, c'est davantage compliqué. Ainsi, le mot *père* ou *papa* désigne, pour un enfant, la personne de sexe masculin qui l'a engendré. Cependant, les premières significations attachées par l'enfant au terme *papa* ne correspondent pas à la définition adulte. *Papa* signifie à peu près *adulte (mâle) familier*, pour le jeune enfant. En conséquence, l'enfant au début désignera de ce nom les parents et amis de la famille qui se conforment à cette définition. Voilà qui ne devrait pas chagriner outre mesure les pères instruits de la façon dont procède le développement du vocabulaire. Il n'y a là aucune erreur de la part de l'enfant. L'extension du terme *papa* à divers adultes familiers est en accord avec la signification que l'enfant lui attribue à ce stade. Plus tard, l'enfant restreint l'appellation *papa* à l'adulte qui vit en contact étroit avec lui et avec la mère. Ce n'est pas avant l'adolescence, habituellement, que le concept biologique de paternité est compris et entre dans la signification du terme *père*. Le sens attaché aux mots *frère* et *sœur* fait également l'objet d'un long développement. Un *frère* pour le jeune enfant, c'est un autre enfant qui vit sous le même toit. C'est ensuite un autre enfant mâle qui a les mêmes parents. Toutefois, ce n'est pas avant 9 ou 10 ans que l'idée de réciprocité est intégrée au sens des mots *frère* ou *sœur* (on est toujours le frère de son frère, le frère de sa sœur, la sœur de sa sœur, ou la sœur de son frère). Un développement graduel de ce type n'est pas spécifique aux termes de parenté. Un autre exemple en fera saisir la portée générale. Il est connu que le jeune enfant tend pendant une période plus ou moins longue à appliquer l'étiquette de *chien* ou *wou-wou* non seulement aux chiens mais à tous les animaux et même à des mobiles de format correspondant et se déplaçant horizontalement. Le contenu que l'enfant fait correspondre au terme *wou-wou* est différent du concept qui sous-tend l'usage adulte du mot *chien*. L'enfant peut n'avoir identifié que quelques-unes des sèmes entrant dans la composition du signifié adulte du mot *chien*; par exemple, le *wou-wou* est un être animé ; il se meut de lui-même et se déplace parallèlement au sol. Armé d'une telle définition, l'enfant applique normalement l'appellation *wou-wou* aux chiens, aux chats, aux vaches, aux chevaux, et même aux motos en mouvement. L'enfant ajoute graduellement de nouveaux éléments à sa définition du *wou-wou* jusqu'à rejoindre celle de l'adulte : un *wou-wou* aboie, a quatre pattes, mord, mange de la viande, est de taille relativement inférieure, etc. Dès lors, le terme est restreint aux chiens tandis que de nouvelles étiquettes verbales deviennent nécessaires pour désigner les autres entités regroupées jusque-là sous la même appellation. L'enfant acquiert donc le sens des mots bribe par bribe. Ce n'est pas avant relativement tard dans le développement qu'on pourra être à peu près sûr que l'enfant et l'adulte qui utilisent les mêmes mots leur associent exactement les mêmes significations.

4.2. Les mots compris et produits aux différents âges

Les premiers mots produits correspondent assez bien d'un enfant à l'autre et même d'une langue à l'autre (pour les significations et les référents, évidemment). On estime qu'un enfant de 12 mois comprend en moyenne 3 mots différents. Vers 15 et 20 mois, on passe à une vingtaine de mots, soit un développement relativement lent. Le développement est beaucoup plus rapide ensuite : une centaine de mots à 21 ou 22 mois, 250 mots à deux ans, 450 mots à deux ans et demi, 900 mots à trois ans, 1.200 mots à trois ans et demi, 2.000 mots à cinq ans, etc. Entre 20 mois environ et 6 ans, le rythme d'accroissement du vocabulaire est étonnant : presque deux mots nouveaux par jour, en moyenne.

Il est beaucoup plus malaisé d'évaluer le nombre de mots différents que les enfants peuvent *produire* aux différents âges. Une telle estimation impliquerait qu'on enregistrât toutes les productions de l'enfant 24 heures par jour pendant plusieurs semaines. Sans aller jusque-là, on estime généralement que le vocabulaire de production est inférieur de moitié environ au vocabulaire de compréhension. On note l'existence dans le premier développement d'une phase lente (pendant les premiers mois suivant l'apparition des premiers mots) suivie d'une phase plus rapide (à partir de 20-24 mois); le rythme des acquisitions augmentant encore notablement durant les années suivantes. Pendant la phase lente, les acquisitions lexicales sont instables. Certains mots peuvent disparaître et être remplacés par d'autres mots, ou être réappris un peu plus tard. On n'a toujours pas d'explication assurée aujourd'hui pour l'accélération des acquisitions lexicales à partir de 20-24 mois.

4.3. Les mots-phrases

Dès qu'il connaît quelques mots, l'enfant s'en sert non seulement pour désigner nommément telle chose ou telle personne mais encore pour exprimer en un seul mot de véritables petites phrases. Par exemple, apercevant une voiture vide stationnée le long du trottoir et la désignant du geste, un enfant de quinze mois s'écrie *papa*. Le père est au travail. Il ne peut être question de lui directement. D'autre part, l'enfant connaît et utilise habituellement le mot qui désigne les voitures (par exemple, *tauto*). Enfin, la voiture en question ressemble à la voiture paternelle. Il y a fort à parier que ce que l'enfant a voulu communiquer en disant *papa*, est quelque chose comme : *c'est (voici) la voiture de papa*, soit une petite phrase exprimant un rapport de possession entre le père et la voiture. On dit que l'enfant est au stade des holophrases. Un certain nombre de mots parmi ceux qu'il produit sont en fait de petites phrases qui résument les connaissances accumulées sur certains objets ou événements. Les choses ont souvent un *possesseur* : il y a les objets qui appartiennent à *maman*, ceux qui appartiennent à *papa*, et ceux qui appartiennent à *bébé* (*à ma — moi*). Les choses ont une *location* habituelle (par exemple, la voiture de papa fait *dodo* au garage pendant la nuit, les jouets de *bébé* sont rangés dans la boîte à jouets, le téléphone sonne toujours dans le même coin). Les choses disparaissent (*apu*), et réapparaissent [*encor(e)*]. Elles ont certaines propriétés (*tau — chaud —* comme la tasse de café et la soupe; *froid* comme la glace et l'intérieur du frigidaire).

Cette nouvelle capacité qui consiste à utiliser les mots non seulement pour désigner les entités de l'environnement mais aussi pour traduire des observations originales sur les relations que ces entités entretiennent les unes avec les autres, annonce l'étape suivante du développement : les énoncés à plusieurs mots. Ces énoncés marquent les débuts de la syntaxe et de la grammaire, c'est-à-dire de la mise en application des règles qui organisent une expression et une compréhension purement linguistique.

5. L'ARTICULATION DES PHONÈMES

La production des mots va de pair avec la maîtrise progressive du système des sons de la langue, c'est-à-dire les phonèmes. L'apparition des phonèmes se fait dans un ordre qui varie légèrement d'un enfant à l'autre mais dont les grandes lignes sont constantes.

5.1. L'ordre d'apparition des phonemes en français

La première voyelle à apparaître est généralement /a/ et la première consonne /b/ ou /p/, ou encore /g/ ou /m/. La combinaison de ces sons en syllabes avec répétition de la syllabe donne notamment *mama* et *papa* qui sont parmi les premiers mots produits. La répétition de la même syllabe est fréquente chez l'enfant au stade des premiers mots (et précédemment lors du babillage), parce qu'il est plus facile de répéter les mêmes sonorités que d'en ajouter de nouvelles.

Le développement des consonnes se fait de /p/ à /t/ et à /k/ et à peu près simultanément de /b/ à /d/ et à /g/. Les nasales /n/ et /gn/ apparaissent à peu près au même moment. Toutes les consonnes mentionnées jusqu'ici sont des *occlusives*. Leur articulation se fait par blocage du courant d'air en un point du trajet expiratoire. Ce point varie selon la consonne. Il s'agit des deux lèvres pour /b/ et /p/, de la pointe de la langue en contact avec les dents pour /d/ et /t/, du dos de la langue et du palais dur pour /g/ et /k/. De plus, /b/, /d/, et /g/ sont dites sonores. Leur articulation implique la mise en vibration des cordes vocales; /p/, /t/, et /k/ sont sourdes. Leur articulation n'implique aucune vibration des cordes vocales.

Les consonnes /f/, /v/, /l/, et /r/ apparaissent ensuite tandis que /ch/, /j/, /s/, et /z/ sont plus tardives. Les consonnes /f/, /v/, /ch/, /j/, /s/, et /z/ sont dites *constrictives*. Leur articulation n'implique pas un blocage mais un rétrécissement du passage de l'air en un endroit précis du canal de la bouche. Il s'agit des lèvres et des dents pour /f/ et /v/, de la langue et des dents pour /s/ et /z/, et de la langue et du palais dur pour /ch/ et /j/. En outre, /f/, /s/, et /ch/ sont des sourdes tandis que /v/, /z/, et /j/ sont des sonores.

Les cas du /l/ et du /r/ sont un peu particuliers. Dans l'articulation du /l/, le passage de l'air est bloqué au milieu de la bouche par la langue mais il est libre sur les côtés de la langue. L'articulation du /r/ varie selon qu'il est roulé ou non.

5.2. Reproduire les mots adultes

Le développement de la prononciation ne se ramène pas à l'apparition progressive des phonèmes selon leur complexité relative. Dès le début de la deuxième année, l'enfant s'essaie à reproduire les mots de l'adulte qui ont grande valeur communicative. Il ne dispose, à ce stade, que d'un répertoire productif limité ce qui l'amène à simplifier considérablement les mots en question en tentant de les reproduire. Parmi les simplifications les plus fréquentes, on observe des suppressions et des substitutions de phonèmes ainsi que des redoublements de syllabes. Les suppressions consistent à éliminer un ou plusieurs phonèmes relativement difficiles à articuler, soit en eux-mêmes, soit du fait de leur combinaison avec d'autres phonèmes. Par exemple, dire *tôt* pour *tantôt*, *si* pour *merci*, *po* pour *porte*, *pé* pour *frapper*, etc. L'enfant peut également supprimer une des deux consonnes, généralement la plus difficile à prononcer, dans le cas des consonnes doubles (*téta* pour *Stéphane, ouvi,* pour *ouvrir, femé* pour *fermé*, etc.). Les substitutions consistent à remplacer un phonème, généralement une consonne difficile à articuler, par un son plus simple. Par exemple, dire *toup* pour *soup(e)* — le /t/ est acquis avec le /s/ —, *mama* pour *maman* — la voyelle orale /a/ est acquise avant la nasale /an/ —, etc. Le redoublement de syllabe avec substitution ou non est fréquent [par exemple, *tétèr(e)* pour *pomme de terre*]. L'enfant peut utiliser plusieurs processus de simplification dans le même mot, par exemple en réduisant *locomotive* à quelque chose comme *totive* (suppression de *loco* et substitution de *to* à *mo* par reduplication, due à la présence d'un /t/ dans la syllabe qui suit).

Il est souvent difficile sinon impossible de prédire exactement les simplifications que l'enfant va faire intervenir dans les mots adultes qu'il cherche à reproduire. L'enfant choisit une forme simplifiée parmi plusieurs possibles. Il s'y tient pendant une période plus ou moins longue avant d'évoluer vers la forme adulte. La mise en place de la prononciation correcte se fait par élimination graduelle des simplifications. L'essentiel de ce développement intervient entre un et quatre ou cinq ans, parfois un peu plus tard pour certaines consonnes constrictives (par exemple, *ch, j, z, s, v*).

6. PRODUIRE DES ÉNONCÉS À PLUSIEURS MOTS

Un système linguistique qui ne permettrait que la production d'énoncés à un mot manquerait singulièrement de puissance en face du nombre et de la complexité des choses à exprimer. Un tel système serait fort mal adapté à l'expression des relations entre les choses. Or, c'est l'expression de ces relations qui mobilise l'essentiel de notre activité linguistique et non le simple étiquetage verbal des objets et des événements. Par exemple, debout le matin sur le perron de notre maison et apercevant le voisin, nous entreprenons rarement de lui communiquer simplement le nom des choses qui nous intéressent à ce moment (par exemple, *soleil, nuages, journée, beauté, pluie, désagrément, imperméable, nécessité, aujourd'hui, travail, espoir, demain,* etc.) pour la bonne raison qu'il connaît déjà cette nomenclature. Nous exprimons des avis et des commentaires plus ou moins originaux sur les événements, sur les relations et les rapports que les choses entretiennent, sur la façon dont cela nous affecte, etc. (par exemple, *Quelle belle journée!,* ou *Encore de la pluie!, Il vaudra mieux se munir d'un imperméable aujourd'hui!*). Comment un système linguistique ne permettant que la transmission d'énoncés à un mot pourrait-il exprimer les relations entre les choses ? Il y aurait deux façons possibles, aussi peu fonctionnellement intéressantes l'une que l'autre. Le premier moyen consisterait à procéder de la même façon que l'enfant de 15 mois lorsqu'il exprime une relation de possession entre une voiture et son père au moyen d'un seul mot (par exemple, *papa* en montrant la voiture) laissant à l'interlocuteur le soin d'interpréter l'énoncé selon le contexte. On imagine aisément le chaos qui résulterait d'un pareil système de communication à l'échelle du monde adulte. Le second système consisterait à avoir un mot particulier non seulement pour désigner chacune des différentes entités de l'environnement, par exemple, *voiture* et *papa,* dans la situation décrite ci-dessus, mais aussi pour exprimer chacune des nombreuses relations pouvant exister entre ces entités. La relation de possession, *la voiture de papa,* serait symbolisée au moyen d'un mot particulier, par exemple *« stroumf ».* Mais ce mot ne pourrait servir pour traduire *la voiture de maman.* Il serait nécessaire de disposer d'un autre mot à cet effet, par exemple, *« strimf ».* De façon, à transmettre *la voiture du voisin,* il faudrait encore un autre mot spécial puisque ni *voiture,* ni *voisin* ne pourraient faire l'affaire et qu'on ne pourrait les combiner pour produire *la voiture du voisin.* Ce mot supplémentaire pourrait être *« stromf »* par exemple. Pour communiquer *la voiture de ma tante, celle du président de la république, celle du fils de Li Peng,* il faudrait encore de nouveaux termes, par exemple, *« stramf », « strumf »,* et *« stremf,* etc., à l'infini. La langue serait ramenée à un énorme dictionnaire de plusieurs milliards de termes qui devrait être monté sur roulettes et tracté. L'apprentissage de la langue demanderait des vies entières. La pratique des systèmes de ce type pèserait d'un poids extrêmement lourd sur la mémoire et les risques de méprises auditives, et donc de confusions de sens, seraient énormes en supposant même qu'on arrive à trouver un support sonore particulier pour chaque idée (c'est-à-dire un support matériel qu'on pourrait distinguer à l'intérieur de notre champ acoustique et qu'il serait possible de produire avec notre appareil articulatoire).

Par bonheur, les langues maternelles ont adopté un système plus ingénieux consistant *à* combiner plusieurs mots dans le même énoncé. La production d'énoncés à plusieurs mots est donc la réponse donnée par la langue au problème de la richesse et de la complexité des idées à exprimer. Dès que le jeune enfant a accumulé suffisamment de connaissances sur l'univers qui l'entoure, il est confronté au même problème. Nous avons vu qu'il y apporte une première réponse en produisant des mots isolés non seulement pour désigner les choses mais aussi pour exprimer davantage que cela au stade des mots-phrases. Un pas de géant est franchi, habituellement entre 18 et 24 mois, lorsque l'enfant devient capable de combiner deux mots dans le même énoncé.

Mais se pose bien vite le problème de l'organisation des mots au sein des énoncés. Dans quel ordre faut-il placer les mots dès qu'il y en a plusieurs ? Est-ce que *tauto papa* a le même sens que *papa tauto* ? Est-ce que *bébé pas dodo* est susceptible de produire le même effet sur l'entourage que *dodo pas bébé* ou *pas bébé dodo* ? Nous savons que l'ordre des mots n'est pas indifférent dans une langue comme le français. *Robert frappe Julien* n'a pas le même sens que *Julien frappe Robert* tandis que *frappe Robert Julien*, *Robert Julien frappe*, et les deux autres combinaisons possibles des trois mêmes termes ne sont pas admises (ce qui veut dire, en termes de fonction, que le français ne dispose pas de règles pour décoder de telles séquences). Les règles grammaticales stipulent l'ordre que doivent respecter les diverses combinaisons et le sens relationnel qui leur est attaché.

6.1. Entre le stade des énoncés à un mot et celui des énoncés à deux mots

On peut observer les phénomènes suivants vers 20 mois. L'enfant produit à l'occasion des mots isolés successifs dont le rapport entre eux apparaît aisément à celui qui vit la scène. L'enfant dira : *totô... ya* (pour *Tonton est là*) ou *amiô... broum-broum* (pour *Le camion fait broum-broum*), en marquant une pause entre les deux mots. Il a atteint le niveau intermédiaire entre le stade des productions à un mot et celui des productions à deux mots. L'élimination, quelques jours ou quelques semaines plus tard, de la pause entre les mots marque le début du langage combinatoire.

6.2. L'ordre des mots

Quelle réponse l'enfant apporte-t-il au délicat problème de l'ordre des mots dans ses énoncés ? Les choses se passent de la façon suivante.

L'agencement des premiers énoncés à plusieurs mots est laissé au hasard. L'enfant dira aussi souvent *boum ateau* (pour *Le bateau a fait boum* ou *Le bateau est tombé*) que *ateau boum* ou *mama ati* (pour *Maman est partie*) que *ati mama*. Très vite, cependant, l'enfant repère un petit nombre de mots dans le langage de l'adulte et les utilise dans ses propres productions en leur attribuant une place fixe (pivotable), souvent la première position dans l'énoncé, parfois la seconde. L'autre position dans l'énoncé est attribuée librement à n'importe quel mot susceptible d'être combiné avec les mots à place fixe. Ce type de grammaire apparaît comme un intermédiaire entre la période primitive où les énoncés ne sont pas ordonnés et celle, plus tardive, où l'enfant reproduit l'agencement qui prévaut dans la langue adulte. C'est une réponse originale au sens où elle ne correspond pas à la grammaire adulte.

A partir de 30 mois, approximativement, les constructions à plusieurs mots deviennent plus nombreuses et plus variées. L'agencement-pivot est dépassé au profit d'une structuration qui intègre l'essentiel des règles d'ordre de la langue adulte. Ceci n'est vrai cependant que pour les énoncés de forme simple (par exemple, *donne apin bébé* pour *Donne le lapin à bébé*; *a'voir bébé pomener* pour *Au revoir je vais en promenade — avec maman —*, par opposition à *pomener bébé* prononcé par l'enfant pendant qu'il promène sa poupée). L'agencement d'énoncés plus complexes, comme ceux impliquant l'usage de la négation, n'est pas encore conforme à la syntaxe adulte (par exemple, *pas apin bébé*, *Le lapin n'est pas a bébé* ou *pas pati papa*, *Papa n'est pas parti*).

6.3. Les relations de sens

Quelles relations sémantiques l'enfant exprime-t-il dans ses énoncés à plusieurs mots aux environs de 30 mois? Il reprend, certes, les relations déjà exprimées au stade des productions à un mot et y ajoute d'autres relations se rapportant aux nouvelles connaissances acquises sur le monde environnant. Le tableau 1 donne la liste des principales relations de sens traduites en mots à ce stade et fournit un exemple et une explication pour chaque cas.

Comme le font bien ressortir les exemples donnés au tableau 1, les énoncés à deux mots ne peuvent exprimer (« clairement ») qu'une relation sémantique à la fois. On échappe à cette limitation avec les énoncés à trois mots et plus. Le nombre de relations exprimées dans un énoncé est responsable de sa longueur et de sa complexité. Comparez à ce point de vue les deux exemples suivants :

(1) *Papa pati tauto* (Papa est parti en auto)

Tableau 1 — Relations sémantiques réalisées dans les premiers énoncés à plusieurs mots.

Relations	Définitions
1. Existence	Manifeste l'existence d'une entité
2. Disparition	Signale la disparition ou la non-existence momentanée d'une entité
3. Récurrence	Requête ou notification de réapparition d'une entité déjà observée
4. Attribution	Spécifie un attribut d'un référent
5. Possession	Indique une relation de possession
6. Localisation (dans l'espace)	Indique une relation de localisation
7. Bénéfice	Stipule le bénéficiaire d'un état ou d'une action
8. Agent-action	Stipule la relation entre une action et l'agent de cette action
9. Instrumentation	Exprime la fonction d'instrument que sert une entité
10. Action-objet	Stipule la relation entre une action et l'objet de cette action
11. Agent-action-location	Exprime une relation agent-action qui a fait l'objet d'une indication de location
12. Agent-action-objet	Combine une double relation (agent-action et action-objet) au sein du même énoncé

(2) *Le déplorable père de ce pauvre enfant a quitté le domicile familial dans son damné véhicule voici bientôt un mois.*

Deux relations sont combinées dans l'énoncé (1) : une relation agent-action (*papa est parti*) et une relation action-instrument (*il est parti en utilisant son automobile*). L'énoncé (2) combine un minimum de dix relations sémantiques : attribution d'une propriété à une entité : 4 (*déplorable père, pauvre enfant, domicile familial, damné véhicule*); possession : 2 (*père de ce pauvre enfant, son damné véhicule*); localisation de l'événement dans le temps : 1 (*voici bientôt un mois*); agent-action : 1 (*le déplorable père a quitté*); action-objet : 1 (*a quitté le domicile*); action-instrument : 1 (*a quitté le domicile familial dans son damné véhicule*). Le développement linguistique procède par enrichissement de l'expression au niveau des contenus, ce qui détermine un allongement et une augmentation de la complexité syntaxique des énoncés.

6.4. Phrases et énoncés

Nous n'avons guère utilisé le terme *phrase* jusqu'ici. Nous lui avons souvent préféré le terme énoncé. Quelle en est la raison ? Le terme phrase implique que la construction désignée comporte au minimum deux mots, l'un jouant obligatoirement le rôle de *sujet* et l'autre celui de *verbe*. La seule exception concerne les phrases impératives, lesquelles n'expriment pas habituellement le sujet grammatical. Le terme *énoncé*, par contre, n'implique aucune restriction de ce genre. Un énoncé est tout ce qui est produit verbalement entre deux pauses. Il peut comporter un ou plusieurs mots lesquels jouent ou non les rôles de sujet et de verbe. Une phrase est toujours un énoncé mais l'inverse n'est pas vrai. En effet, un énoncé peut ne contenir qu'un seul mot sans qu'il s'agisse d'un énoncé impératif (par exemple, *oui* en réponse à une question) ou comprendre plusieurs phrases prononcées sans interruption. Le terme énoncé est donc particulièrement adapté pour décrire le développement du langage et, d'une manière générale, pour décrire les actes de communication langagière en situations concrètes.

6.5. Ce qui manque dans les énoncés de l'enfant à ce stade

En dépit des remarquables progrès accomplis, le langage d'un enfant de 30 mois est encore formellement rudimentaire. On y relève aucun (ou seulement peu) de mots grammaticaux : articles, pronoms, adverbes, auxiliaires, prépositions. Il n'y existe aucune coordination, aucune subordination entre énoncés ou parties d'énoncé. Les événements décrits ne sont pas ou seulement peu localisés dans le temps. Le langage produit par l'enfant accompagne son action. C'est un langage à propos de l'action immédiate (« ici et maintenant »). Il ne peut être vraiment compris qu'en étant le témoin de l'accomplissement des actions successives. Imaginez un enfant de cet âge, s'exprimant en énoncés de deux et trois mots, en train de communiquer au téléphone avec un adulte. Il serait assurément difficile pour ce dernier de saisir avec quelque précision le sens des propos entendus. Le langage du jeune enfant est un *langage implicite*. L'explicitation des significations est rendue possible par l'exploitation des ressources grammaticales de la langue.

7. FORMULER SELON LA LANGUE

Formuler selon les règles de la langue, c'est, d'une part, exploiter l'arsenal des mots grammaticaux. C'est, également, rendre explicite le cadrage temporel dans lequel prennent place les événements décrits. C'est, enfin, profiter des possibilités offertes par la langue quant à la construction de phrases complexes comportant plusieurs propositions dont il faut alors définir et marquer au moyen de mots spéciaux, les conjonctions, les rapports d'égalité et de dépendance.

Quant aux articles, d'abord. Il peut paraître surprenant qu'il faille attendre jusqu'à 6 ans en moyenne pour voir l'enfant utiliser correctement les articles. Il faut savoir que l'usage de l'article en français comporte quelques subtilités. Il importe évidemment d'accorder l'article et le nom déterminé quant au genre et au nombre (*le* cheval, *la* maison, *les* maisons). Le point délicat concerne la distinction entre l'article défini et indéfini et les règles de leurs emplois respectifs. L'article indéfini doit être utilisé lorsqu'on veut désigner un objet ou un événement quelconque ou pris dans un sens général (par exemple, *Joseph a acheté une voiture*). L'article défini, par contre, est normalement employé lorsqu'on veut désigner un objet ou un événement particulier, connu de l'interlocuteur ou dont il a été question préalablement dans l'échange (par exemple, *Joseph a acheté la même voiture que Jacques*, ou *Joseph a acheté la voiture de l'année*). On comprend que cette distinction qui implique la prise en considération de ce que le partenaire conversationnel sait ou peut savoir d'un objet ou d'un événement donné, ne puisse être comprise et rendue par l'enfant que relativement tardivement.

Quant aux pronoms personnels et possessifs, l'enfant produit généralement les pronoms personnels et possessifs de 1re et de 2e personne (*je, moi, tu, toi, le mien, le tien*), surtout au singulier, avant les pronoms de 3e personne. Cela est dû au fait que l'identification du nom auquel le pronom renvoie est plus facile dans le cas des pronoms de 1re et de 2e personne que dans celui des pronoms de 3e personne. Dans le premier cas, le renvoi s'effectue toujours en direction d'un des protagonistes de la conversation (celui qui parle ou celui qui écoute : *je, moi, le mien*, ou *tu, toi, le tien*). Dans le second cas, il faut chercher le nom en question en dehors de la situation dialogique (*il, elle, le sien*); soit une démarche plus compliquée, d'où le décalage observé dans l'acquisition des formes pronominales.

Quant aux adverbes et aux prépositions, les adverbes sont acquis avant les prépositions correspondantes. Par exemple, les adverbes de lieu sont produits avant les prépositions de lieu et les adverbes de temps apparaissent avant les prépositions de temps. Comment expliquer ce décalage ? Il est dû à la nature respective de l'adverbe et de la préposition. L'emploi de la préposition implique la production de deux termes, la préposition elle-même et le terme qu'elle régit sans considération de l'insertion éventuelle d'un déterminant ou d'un modificateur (par exemple, *sur la table, avant le repas*). L'adverbe est plus simple à ce point de vue puisqu'il peut intervenir seul (par exemple, *derrière* en réponse (elliptique) à la question : *Où est maman ?*).

Quant aux propositions circonstancielles de temps, enfin, ces propositions servent avec les adverbes et les prépositions de temps, les propositions coordonnées, et les conjugaisons verbales à situer les événements mentionnés les uns par rapport aux autres. Un événement X peut être *antérieur* à un événement Y. Deux événements peuvent survenir simultanément. Un événement X peut survenir postérieurement à un événement Y. L'expression des relations d'antériorité, de simultanéité, et de postériorité est essentielle en matière de communication. Pensez à l'embarras qui serait le nôtre si nous n'étions pas en mesure de situer correctement les événements de nos existences sociales les uns par rapport aux autres (*Passera-t-il me prendre avant ou après sa journée de travail ? Téléphonera-t-il pendant, avant, ou après son séjour ?*). On a relevé le caractère tardif de l'apparition des temporelles par contraste avec d'autres circonstancielles comme celles de cause et de conséquence. Le décalage est dû à la complexité de l'expression des relations de temps entre les événements relatés. Il est plus simple de signaler la cause probable d'un événement (par exemple, *I pleut pasque le soleil y est fâché*) que de situer un événement dans le temps par rapport à un autre événement (*Il a plu après qu'on est revenu de chez tonton Jacques*). Une difficulté supplémentaire rencontrée par l'enfant jusqu'à 9 et 10 ans d'âge est celle de concevoir qu'on peut faire rapport sur les événements sans nécessairement reproduire dans l'énoncé l'ordre dans lequel ils se sont produits, à condition d'utiliser correctement les conjonctions, les adverbes, les prépositions de temps, et les conjugaisons verbales mises à disposition par la langue ; les dispositifs grammaticaux ayant leur propre autonomie. Par exemple, on peut dire *Il a plu avant que je parte*, l'ordre d'énonciation (1) pluie, (2) départ, respectant l'ordre réel des événements. Mais on peut dire également *Je suis parti après la pluie (après qu'il eût plu)* sans que l'ordre d'énonciation (1) départ, (2) pluie, corresponde à l'ordre réel des événements (1) pluie, (2) départ. Jusqu'à relativement tard dans le développement, l'enfant ne comprend pas aisément de telles combinaisons. Il s'attend plutôt à y retrouver l'ordre réel des événements. Il n'utilise lui-même le plus souvent que des ensembles proposition principale — proposition subordonnée temporelle dont l'ordre d'énonciation correspond à l'ordre de succession des événements dans sa réalité existentielle.

8. DIFFÉRENTS TYPES DE PHRASES

8.1. Typologie pragmatique

Quel que soit le contenu des messages que nous transmettons verbalement à nos interlocuteurs, nous formulons ces messages de telle façon que le récepteur peut immédiatement déterminer, à condition de connaître la langue, quel type de réponse ou de réaction nous attendons de sa part. Cela est possible parce que nous marquons nos phrases différemment selon leur fonction pragmatique, c'est-à-dire selon le but poursuivi en les produisant. Les buts en question se ramènent à trois principalement : (1) Exprimer une opinion ou transmettre une information ; (2) Donner un ordre ou formuler une requête ; et (3) Demander une information. A ces trois fonctions pragmatiques, correspondent quatre types de phrases.

Les phrases déclaratives (actives ou passives, affirmatives ou négatives) n'exigent pas de réponse particulière de la part du récepteur. Ce sont des commentaires, des descriptions, ou de simples constats (par exemple, *Il fait beau, Il ne fait pas beau, Le tracteur remorque la voiture, La voiture est remorquée par le tracteur*.

Les exclamatives ne diffèrent pas des déclaratives sinon par l'intonation et éventuellement par l'adjonction d'une interjection (*Ah, qu'il fait beau !*).

Les phrases impératives impliquent une réponse ou une réaction bien particulière de la part du récepteur (par exemple, *Ferme la porte*, *Dites-moi votre âge*). De façon à marquer ces phrases comme intimant un ordre, la langue française prévoit qu'on se dispense d'exprimer le sujet du verbe. Les impératives sont donc des déclaratives tronquées.

Les phrases interrogatives indiquent au récepteur qu'il doit, sous peine de voir la conversation prendre fin, fournir au locuteur une information déterminée. Il y a deux grandes catégories de questions. Elles ont à voir avec le degré de liberté laissé à l'interlocuteur quant à la réponse attendue. Il y a d'abord les questions oui-non. Elles sont formulées de façon telle que la réponse peut se restreindre à *oui* ou *non*. Le locuteur, posant une question de ce type, limite donc considérablement la marge de liberté laissée à son interlocuteur dans la réponse (par exemple, *Fait-il beau?*, *Est-ce qu'il pleut?*, *Il fait beau?*). Les phrases interrogatives oui-non sont marquées de trois façons possibles. Ce sont soit des déclaratives que l'on prononce avec une intonation montante à la fin de la phrase par opposition à l'intonation descendante qui signale la déclarative. Par exemple,

Déclarative : Il fait beau
Interrogative : Il fait beau ?

Ce sont des déclaratives introduites par la locution *Est-ce que*, laquelle signale la question; ou encore des déclaratives dont on a interverti l'ordre normal du sujet (pronominal) et du verbe (*Fait-il beau?* au lieu de *Il fait beau*, *A-t-il mangé?* au lieu de *Il a mangé*).

La seconde catégorie de questions est celle des *questions-Q*. Les questions de ce type sont signalées, et généralement introduites, par un «mot interrogatif» (pronom ou adverbe interrogatif) : *qui, que, qu', à quoi, à qui, quel, pourquoi, où, quand,* et *comment.* Le renversement de l'ordre normal du sujet (pronominal) et du verbe s'y trouve également. Par exemple, *Que dit-il?*, *Quand viendra-t-il?*, *A quoi pense-t-il?*, etc. Il est intéressant de noter que seules parmi les interrogations, les questions du type *Il fait beau?* ont recours à une intonation particulière (montante sur le dernier mot) tandis que les autres questions utilisent la même intonation que les phrases affirmatives (intonation descendante sur le dernier mot). La raison en est que l'intonation montante est la seule façon de distinguer la déclarative *Il fait beau* de la question *Il fait beau?*, tandis que les autres interrogatives ont d'autres moyens à leur disposition (mots interrogatifs, ordre verbe-sujet) pour se signaler comme telles. Nous récapitulons ci-dessous les types de questions :

Interrogatives oui-non :
Il a neigé?
Est-ce qu'il a neigé?
A-t-il neigé?

Interrogatives-Q :
Quand a-t-il neigé?A qui la neige profite-t-elle?
Où a-t-il neigé?Que faut-il pour qu'il neige?
Comment a-t-il neigé?A quoi la neige vous fait-elle penser?
Pourquoi neige-t-il?Quelle sorte de neige était-ce?
Qui a dit qu'il neigerait?

8.1. Le développement des différents types de phrases

Le jeune enfant, au tout début du langage, ne marque pas ses productions de façon à permettre au récepteur de savoir si ce qui est dit doit être pris comme une exclamation, une requête, une question, ou un commentaire. C'est à l'entourage de deviner en s'aidant de la situation et de ce qu'on sait de l'enfant.

Le premier élément de marquage selon la fonction a être utilisé, et le plus facile à repérer dans le parler de l'adulte, est l'*intonation*. L'enfant se sert de l'intonation pour indiquer à l'adulte que le mot produit est un ordre (*bonbon*, c'est-à-dire *Donne-moi un bonbon*), une question (*bonbon?*, c'est-à-dire *Est-ce un bonbon?*), une exclamation (*bonbon!*, c'est-à-dire *Regarde! un bonbon, ô merveille!*), ou encore un simple constat (*bonbon*, c'est-à-dire *C'est un bonbon!*). Les seules productions négatives à ce stade sont les mots-phrases *non*. Ce stade est généralement atteint entre 15 et 24 mois. On trouve également à cette époque, ou peu après, des ébauches de questions-Q par production de mots interrogatifs isolés et le plus souvent stéréotypés (par exemple, *qui?* en désignant du doigt ou du regard une personne ou un objet; de même *quoi?*).

Au cours d'une seconde étape qui s'étend jusqu'à 48 mois environ, l'enfant produit des énoncés négatifs et interrogatifs contenant plusieurs mots (en plus, évidemment, des énoncés affirmatifs, impératifs et exclamatifs à plusieurs mots). Les énoncés négatifs produits à ce moment apposent seulement la négation *non*, *pas*, devant ou derrière ce qui constituerait autrement un énoncé affirmatif (par exemple, *pas dodo*, *pas dodo bébé*, *dodo non*, ou encore *dodo bébé non*). L'enfant peut rejeter une proposition qu'on lui fait, un ordre qu'on lui donne (*pas laver bébé*). Il peut également nier l'existence d'une entité ou d'une relation (*pas mouillé*, c'est-à-dire *Je ne suis pas mouillé*). Il peut encore refuser comme erroné ou inacceptable un message transmis (*pas fille*, c'est-à-dire *Je ne suis pas une fille — vous faites erreur — je suis un garçon*). Il convient de noter dans toutes ces productions que l'élément négatif n'est pas intégré à la structure de l'énoncé mais simplement annexé à celui-ci. Comparez *pas garçon* avec *Je ne suis pas un garçon*. L'intégration de la négation dans la structure de la phrase négative interviendra plus tard.

Quant aux énoncés interrogatifs produits au cours de cette seconde étape de développement, ils utilisent soit une intonation montante sur le dernier mot d'un énoncé qui autrement serait un énoncé déclaratif (par exemple, *i vient le petit garçon?*). Des questions sont produites également qui font usage des mots interrogatifs (par exemple, *a qui c'est ça?*, *qui fait ça?*, *c'est quoi ça?*, *pourquoi tu fais ça?*, *où tu es papa?*, *où il est mon ballon?*, *comment tu fais?*, *quand i vient, parrain?*, etc.). Enfin, des questions sont produites au moyen de « est-ce que » suivi d'un énoncé déclaratif (par exemple, *est-ce qu'i vient jouer?*). Le point commun des énoncés interrogatifs produits à ce stade est qu'aucun ne met en pratique l'inversion de l'ordre normal du sujet (pronominal) et du verbe qui, nous l'avons vu, est de règle dans la langue adulte pour plusieurs types de questions. Ces inversions sujets-verbe apparaîtront plus tard.

Il y a un ordre approximatif dans lequel les mots interrogatifs apparaissent dans le langage de l'enfant. *Qui?*, *a qui?*, et *quoi*, *c'est quoi?* sont les premiers mots interrogatifs à apparaître, suivis de *où*, tandis que *quel(le)?*, *quand?*, *pourquoi?*, et *comment?* sont plus tardifs. La raison est qu'il faut avoir atteint un niveau de développement plus avancé pour s'inquiéter du quand ou pourquoi, et du comment des choses que pour s'interroger et interroger l'interlocuteur à propos du sujet (*qui*), de l'objet (*quoi*), du possesseur ou du bénéficiaire (*a qui*), et de la localisation (*où*) d'une chose ou d'un événement. En d'autres termes, l'enfant accroche à son répertoire les mots interrogatifs dans un ordre qui correspond à leur difficulté relative d'un point de vue cognitif.

Au cours d'une troisième étape, de 4 à 6 ans environ, les phrases négatives sont produites avec intégration de la négation dans la structure de la phrase (par exemple, *bébé pas dodo, moi pas dodo, je vais pas dodo, je vais pas faire dodo, je ne vais pas faire dodo*). Progressivement également, bien que cela prenne davantage de temps, le renversement de l'ordre normal du sujet et du verbe intervient dans les phrases interrogatives là où il doit intervenir. Ce dernier développement s'étale sur une période de plusieurs années. La raison en est la difficulté de l'opération de renversement elle-même dans certains cas (par exemple, *Léon est-il venu?*, où on ne peut dire «est Léon venu?», de même *La crème est-elle bonne?* au lieu de «est la crème bonne?»). Les complexités de la langue française ne sont pas négligeables. Comparez l'ordre de placement des différents mots dans les phrases interrogatives suivantes : *Qui a vendu la mèche? Pierre a vendu la mèche? Il a vendu la mèche? Est-ce que Pierre a vendu la mèche? Pierre a-t-il vendu la mèche? Quand Pierre a-t-il vendu la mèche?*, etc.

On comprend, dès lors, qu'il faille plusieurs années à l'enfant pour démêler le délicat écheveau des différents types de phrases. Et encore n'avons-nous pas envisagé les pièces les plus compliquées de la mécanique syntaxique comme les phrases négatives-passives-interrogatives, par exemple, *La mèche n'a-t-elle pas été vendue par Pierre?*. Ces pièces, finement travaillées de la collection grammaticale, sont évidemment comprises et produites encore plus tardivement par l'enfant.

9. ACQUISITIONS LINGUISTIQUES PLUS TARDIVES

Les acquisitions linguistiques de l'enfant pendant les six premières années sont impressionnantes. Le nouveau-né peut seulement vagir. L'enfant de 6 ans dispose d'un langage qui se rapproche sensiblement du langage adulte et il est prêt, déjà depuis quelques temps, à apprendre un second système de symboles : le langage écrit. Rappelons rapidement ce qui est acquis aux alentours de 6 ans.

L'enfant de 6 ans (approximativement) a généralement maîtrisé le mécanisme des différents sons caractéristiques de la langue. Il peut les produire et les répéter à volonté à *l'état isolé*. Il n'est pas rare, toutefois, qu'une petite imperfection subsiste encore pour quelque temps dans l'articulation des plus difficiles parmi les phonèmes français, notamment les /ch/, les /j/, les /s/, et les /z/.

Quant au vocabulaire, environ 2.500 mots sont compris par l'enfant de 6 ans. On peut estimer à à peu près la moitié le nombre de mots qui figurent à son répertoire productif. Il s'agit évidemment au premier chef des mots qui correspondent le mieux aux préoccupations, aux intérêts, et aux capacités cognitives de l'enfant.

Les principes qui régissent, en français, la formation des phrases simples sont acquises. Ces phrases doivent comporter plusieurs mots dont un sujet et un verbe disposés dans un ordre bien précis. Les principales règles qui président à la construction des phrases complexes (c'est-à-dire celles comportant plusieurs propositions coordonnées et/ou subordonnées sont également acquises ou en bonne voie d'acquisition. L'enfant de 6 ans est capable d'exprimer le caractère défini ou indéfini du mot référé au moyen du choix de l'article. Il accorde le plus souvent correctement les articles, adjectifs, pronoms et noms, de même que les sujets et verbes. Il est capable de situer correctement une entité ou un événement dans l'espace, au moyen des divers adverbes et prépositions. La localisation dans le temps est en voie d'acquisition avec l'usage des différents temps du verbe et des adverbes et prépositions de temps. L'enfant de 5-6 ans comprend et formule correctement les différents types de phrase sauf les déclaratives renversables à la voix passive (par exemple, *Le garçon est poussé par la fille*; parce qu'on peut trouver *La fille est poussée par le garçon*; d'autres passives — non renversables — sont acquises plus tôt; par exemple, celles du type *Le chariot est tiré par le tracteur*). Il éprouve encore certaines difficultés, la plupart du temps, à formuler certains types de questions, par exemple celles qui impliquent l'emploi de la négation, l'inversion de l'ordre du sujet (pronominal) et du verbe, et l'emploi du pronom personnel en rappel du sujet nominal (par exemple, *Maman n'a-t-elle pas eu le temps de manger?*).

Si les acquisitions linguistiques de l'enfant d'environ 6 ans sont remarquables, il s'en faut cependant qu'elles recouvrent entièrement le répertoire linguistique de l'adulte. Un développement non négligeable doit encore intervenir entre 6 ans et l'adolescence, et particulièrement entre 6 ans et environ 10 ans. Les acquisitions et les mises aux points qui prennent place pendant cette période concernent des aspects plus mineurs du système linguistique que les développements fondamentaux intervenant avant 5 ou 6 ans. Il demeure que ces aspects plus mineurs doivent être acquis avant qu'on puisse considérer le développement linguistique comme pratiquement arrivé à son terme. L'école joue un rôle non négligeable dans les raffinements dont il va être question. Elle joue un rôle au moins de deux façons. Il y a, d'une part, les «pressions» que les enfants exercent les uns sur les autres et celles que les maîtres font peser sur les enfants, pour qu'ils parlent correctement ou d'une façon qui est valorisée par le groupe de référence. Un enfant qui ne peut prononcer correctement les /r/ ou qui articule notoirement mal les /ch/, les /j/, ou les /s/, peut être l'objet de moqueries de la part de ses camarades de classe. D'autre part, les activités scolaires de réflexion organisée sur le langage et les règles de la grammaire usuelle, les activités d'analyse, les exercices de phraséologie, etc., contribuent aux développements linguistiques qui interviennent entre 6 et 12 ans.

Sur le plan des phonèmes de la langue, la période d'après 6 ans voit une nette amélioration de la prononciation des consonnes délicates (*ch, j, s, z, l* et *r*) lorsque ces consonnes sont combinées à d'autres sons dans des mots plus longs ou plus difficiles à prononcer. On assiste entre 6 et 10 ans, approximativement, à une stabilisation de la prononciation et de débit articulatoire, stabilisation à laquelle l'apprentissage de la lecture et les activités d'analyse auditive et vocale qu'elle entraîne, ne sont pas évidemment étrangères.

Au plan du vocabulaire, le développement ne s'arrête évidemment pas à 6 ans, ni à 10 ans. Nous apprenons de nouveaux mots pendant toute la durée de notre existence bien qu'à un rythme ralenti avec l'augmentation en âge. L'étendue du vocabulaire d'une personne adulte cultivée est de plusieurs dizaines de milliers de mots.

Au plan de la grammaire et des mots grammaticaux, les principaux développements se poursuivent après 6 ans. Ils concernent, notamment, la production de certains pronoms comme les possessifs pluriels (*le nôtre, le vôtre, le leur*), la compréhension du sens exact et la production correcte de certains adverbes et prépositions d'espace et de temps (par exemple, *extérieurement, intérieurement, à l'extérieur de, à l'intérieur de, auparavant, antérieurement, postérieurement, dans l'immédiat*, etc.), l'emploi des temps non acquis jusque-là de la conjugaison verbale [comme le conditionnel passé, *Si mammy serait venue en hiver* (corrigé ensuite — en principe — en *Si mammy était venue... elle aurait pu skier*), et le plus-que-parfait, *Elle n'avait pas encore mangé*]. La concordance des temps entre la proposition principale et la proposition subordonnée (*Je lui ait dit quand il est arrivé*), et la maîtrise de l'emploi des diverses propositions circonstancielles (par exemple, les circonstancielles de but, *Pour que tout le monde soit content, il faudrait qu'il fasse beau*, celles de cause ou de conséquence, *Cela doit être vrai puisqu'il me l'a dit*) — y compris les propositions circonstancielles de temps que l'ordre d'énonciation corresponde ou non à l'ordre des événements dans la réalité référée (*Dès qu'il aura fini de pleuvoir, nous partirons*, *Nous partirons dès qu'il aura fini de pleuvoir*).

Il est quelques autres aspects du développement linguistique après 6 ans environ qui méritent également mention.

Le français utilise peu la voix passive. Guère plus de 4 à 5 % de nos phrases sont formulées à la voix passive (par exemple, *Le cheval est monté par le cavalier*, *Un médicament lui a été prescrit par le médecin*, *La vieille dame a été agressée*, etc.). Les phrases à la voix passive ont une structure particulière. Elles font figurer en début de phrase le terme qui est en fait le récipiendaire, c'est-à-dire l'objet ou le patient, de l'action décrite par le verbe. Dans les exemples donnés, les mots *cheval*, *médicament*, et *vieille dame* sont les objets réels des actions décrites respectivement par les verbes *monter*, *prescrire* et *agresser*. Les agents, c'est-à-dire les sujets réels des actions décrites dans les énoncés passifs, figurent en fin de phrase précédés de la préposition *par* ou bien ils sont omis. Dans ce dernier cas, on parle de passive tronquée. La phrase *La vielle dame a été agressée* illustre un cas de ce genre. Les passives sont plus difficiles à comprendre et à produire, même pour un adulte, que des phrases correspondantes à la voix active (*Le cavalier monte le cheval*, *Le médecin lui a prescrit un médicament*, et *Quelqu'un a agressé la vieille dame*, dans les exemples donnés ci-dessus). On a prouvé, en effet, qu'un adulte met davantage de temps à comprendre ou à produire une phrase passive (surtout renversable) qu'une active correspondante. La difficulté provient de ce que la phrase passive inverse l'ordre le plus habituel de présentation du sujet réel et de l'objet réel de l'action décrite par le verbe. En d'autres termes, les phrases passives décrivent la réalité d'une façon moins habituelle que les actives.

Les caractéristiques de la phrase passive expliquent l'acquisition tardive de ce type de phrase par l'enfant. Vers 4 et 5 ans, l'enfant comprend généralement celles parmi les phrases passives qui ne sont pas renversables. Vers 7 ou 8 ans, il exhibe les premiers signes d'une compréhension des passives renversables. Jusque là, l'enfant a de la difficulté à comprendre qu'un même événement puisse être décrit en se plaçant à deux points de vue; le point de vue du garçon, par exemple, dans la phrase *Le garçon est poussé par la fille*; et le point de vue de la fille dans *La fille est poussée par le garçon*. Avant 7 et 8 ans, l'enfant tend à interpréter les phrases passives renversables comme s'il s'agissait d'actives correspondantes. Il réagira à la phrase *Le garçon est poussé par la fille* comme s'il s'agissait de la phrase *Le garçon pousse la fille*. Bien qu'un début de compréhension des passives renversables puisse être observé vers 7 ou 8 ans, ce n'est pas avant environ 9 ou 10 ans que leur compréhension est parfaitement assurée ainsi que le montrent les données expérimentales.

Intervient également à ces âges, une meilleure organisation *discursive*. Par «discours», il faut entendre des séries d'énoncés répondant à une fonction d'information ou de rappel [par exemple, rapporter un événement ou raconter une histoire (discours *narratif*)], à l'argumentation d'une cause ou d'un point de vue (discours *argumentatif*), à l'explication de quelque chose (discours *explicatif*), ou à la description d'une entité ou d'un événement (discours *descriptif*). A ce niveau d'intégration maximale du langage, c'est la dimension informative qui est au premier plan. Un discours bien construit suppose, certes, que les mots adéquats et les tournures grammaticales correctes soient produites; mais il exige, en outre, une organisation particulière de l'information exposée à destination de l'interlocuteur selon l'objectif particulier de la communication. Le dispositif en question est essentiellement chronologique dans le cas de la narration. Il est logique dans le cas du discours argumentatif (les arguments doivent s'ensuivre), causal pour le discours explicatif. Il importe présenter clairement les caractéristiques des entités auxquelles on s'intéresse, dans le cas du discours descriptif. Ce n'est qu'au-delà de 7 ou 8 ans, en général, que l'enfant devient capable de produire des discours davantage construits et de gérer de plus en plus correctement la transmission des informations pertinentes.

Enfin, *utiliser le langage et réfléchir sur le langage et la langue sont deux choses bien distinctes.* L'enfant commence à parler dans le courant de la deuxième année. Il ne manifeste guère de prise de conscience des mécanismes linguistiques avant environ 7 ou 8 ans. A ces âges, l'enfant démontre les premières indications d'une capacité de juger un énoncé quant à sa conformité avec les règles de la grammaire. Si on l'interroge sur le point de savoir si une phrase comme *Ma voiture quatre roue a* est correcte grammaticalement parlant (on dira « bien faite »), l'enfant de 6 ou 7 ans répondra généralement par la négative (montrant qu'il peut non seulement produire et comprendre des phrases mais encore juger de leur grammaticalité) et pourra proposer la correction formelle pertinente. Avant ces âges, l'enfant ne peut faire clairement la distinction entre le sens et/ou la valeur de vérité d'un énoncé et de sa grammaticalité. Il répondra qu'une phrase comme *Ma voiture a deux roues* est « mal faite » (parce qu'il se base uniquement sur le sens pour juger de la correction) tandis que *Ma voiture ont quatre roues* sera jugée correcte (pour la même raison).

Chapitre 3
Le cerveau langagier

Si le langage est une propriété constitutive de l'espèce humaine, l'homme le doit à son cerveau, cette formidable machine à fabriquer des représentations et à les manipuler. On estime que le cerveau humain contient environ cent milliards (10^{11}) de neurones. Il s'agit des cellules nerveuses hautement spécialisées qui le composent en bonne partie. Chaque neurone entretient entre 10 et 1.000 connexions avec d'autres neurones (soit un gigantesque réseau de 10^{12} à 10^{14} connexions). Une fraction non négligeable de cette imposante machinerie est dévolue au langage, particulièrement au niveau de l'hémisphère cérébral gauche. L'écorce cérébrale, siège des fonctions supérieures, est répartie selon deux hémisphères, l'un situé à gauche et l'autre à droite d'une commissure centrale appelée le corps calleux et constituée de fibres nerveuses assurant la communication entre les deux hémisphères. L'hémisphère cérébral gauche est spécialisé dans le traitement des informations survenant principalement en séquences (c'est le cas du langage qui est un phénomène linéaire, au moins superficiellement ; on ne peut jamais produire qu'une phrase, un syntagme, un mot ou un son à la fois). L'hémisphère cérébral droit est préférentiellement en charge des informations de nature spatiale. Le cerveau humain a adopté depuis longtemps le principe de la division du travail et de la spécialisation fonctionnelle.

Parmi les zones corticales langagières, on identifie plus particulièrement l'aire dite de Broca (du nom du neurologue français qui la mit en évidence dans la seconde partie du XIXe siècle) dans le bas du lobe frontal, et des territoires de la zone temporale supérieure, parfois désignés du nom du neurologue allemand qui identifia leur rôle dans le traitement du langage, dans la dernière partie du XIXe siècle, à savoir Carl Wernicke (figure 1). A ces zones dévolues aux mécanismes langagiers eux-mêmes (analyse des formes et du sens), et qui sont connectées par plusieurs réseaux de fibres nerveuses associatives, il faut ajouter les territoires corticaux s'occupant de recevoir les stimuli langagiers (parlés, écrits ou gestuels) et à les produire au moyen de mouvements appropriés et finement organisés. Ces territoires correspondent assez naturellement à l'organisation générale du cortex. Les muscles des organes qui interviennent dans la production du langage sont situés au niveau de ce qu'on appelle « le clavier moteur cortical » ou organe de commande des fonctions motrices volontaires (l'aire motrice primaire localisée dans la partie postérieure du lobe frontal). L'analyse auditive de la parole reçue se fait au niveau de l'aire auditive primaire et des aires voisines au sein du cortex temporal. Enfin, le langage écrit est analysé au sein de l'aire visuelle primaire et des aires voisines du cortex occipital.

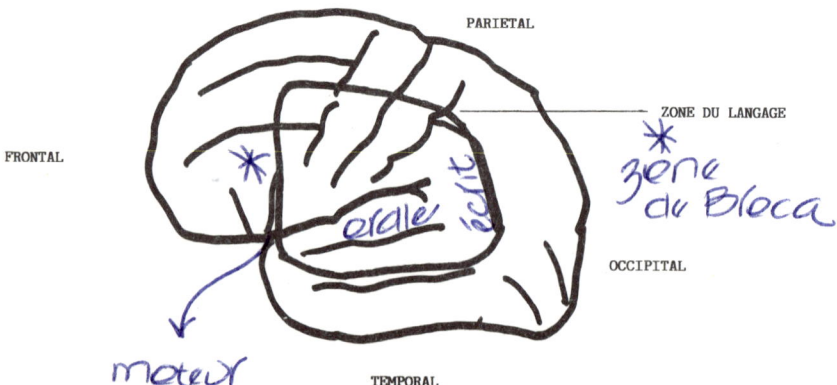

Figure 1 — Représentation schématique de l'hémisphère cérébral gauche en vue latérale et zone langagière.

Les techniques d'investigation cérébrale fonctionnelle, en constant progrès, permettent aujourd'hui d'étudier le cerveau sans lui porter atteinte. De considérables avancées ont été rendues possibles par la mise au point, au départ lointain de l'électroencéphalographie, de sensibles scanners. On dispose d'un arsenal de moyens plus raffinés pour l'étude du fonctionnement du cerveau, notamment en matière de langage. Les techniques les plus utilisées portent le nom de PET SCAN (Tomographie par émission de positrons), CT SCAN (tomographie computérisée) et MRI (Imagerie par résonance magnétique). Avant la mise au point des techniques indiquées, on a cherché à étudier avec des moyens plus grossiers ce qu'on appelle la dominance hémisphérique cérébrale pour les fonctions langagières. Il se trouve, comme nous l'avons indiqué, qu'un des deux hémisphères cérébraux est en commande d'une bonne partie de l'organisation langagière, même si les portes d'entrée (analyse auditive) et de sortie (mobilisation des muscles phonatoires et articulatoires) sont commandées bilatéralement. Chez la grande majorité des personnes, c'est l'hémisphère gauche qui est dominant (c'est le cas pour environ 95 % des droitiers manuels et 70 % des gauchers). Chez les autres personnes, le langage est sous la dépendance de l'hémisphère droit ou bien il est contrôlé conjointement par les deux hémisphères. Environ 90 % des personnes sont droitières manuelles. On ne connaît pas la raison exacte de la dominance hémisphérique pour la fonction langagière. Il est vraisemblable qu'un seul poste de commande supérieure convient mieux, au sens où il serait plus sûr et plus efficace pour la gestion d'une fonction aussi délicate. La dominance de l'hémisphère cérébral gauche est surtout marquée pour les aspects formels du langage (par exemple, la discrimination et la production des phonèmes, l'analyse de la forme des mots, et les régulations grammaticales) et beaucoup moins pour les aspects sémantiques (le sens) et les aspects sociaux (c'est-à-dire la pragmatique ou les usages du langage) lesquels sont davantage contrôlés conjointement par les deux hémisphères cérébraux. Certains auteurs affirment même que l'hémisphère droit joue normalement un rôle plus important que le gauche pour ce qui est de la composante pragmatique du langage (par exemple, Chantraine, Joanette & Cardebat, 1998).

L'asymétrie fonctionnelle entre les deux hémisphères cérébraux est bien réelle. Elle se marque pendant les premières années de la vie pour s'établir définitivement vers 4 à 5 ans, époque à laquelle un langage de base est installé. La spécialisation hémisphérique cérébrale pour le langage n'est cependant pas complète avant 8 ou 9 ans, âge auquel des perturbations langagières dues à des lésions cérébrales plus ou moins étendues au niveau de l'hémisphère gauche ne sont plus que partiellement réversibles, soit la situation qui prévaut chez l'adulte. Avant 8 ans, les aphasies chez l'enfant n'empêchent pas la reconstruction subséquente du langage (avec un minimum de pertes par rapport à l'état pré-critique de développement). Cet âge passé, la réduction de plasticité cérébrale et des possibilités de compensation est telle que le réapprentissage complet et rapide du langage après l'épisode traumatique n'est plus possible. Il semble que les premières années représentent une période de grande plasticité et une période neurologique privilégiée pour les apprentissages langagiers.

Concernant le cerveau bilingue, nous mettons le doigt sur une des énigmes neurologiques et neuropathologiques contemporaines. En effet, on n'a encore qu'une idée approximative des principes de la localisation cérébrale du fonctionnement bilingue ou multilingue. Cette ignorance contraste avec les connaissances relativement assurées (même si encore insuffisantes) portant sur les structures cérébrales qui sous-tendent le développement et le fonctionnement monolingual. Le problème de l'assise neurologique du bilinguisme ou du multilinguisme est essentiellement celui de savoir si les 2 ou n systèmes linguistiques sont localisés dans les mêmes zones cérébrales ou dans des zones distinctes, et si oui quels sont les rapports anatomiques et physiologiques entre les zones. Le problème, déjà complexe en soi, est davantage compliqué encore par le fait que le langage n'est pas un système unitaire et que diverses régions cérébrales concourent au substratum organique des diverses composantes langagières.

Dans ce qui suit, nous présentons un aperçu volontairement épuré des notions principales qui ont émergé au cours des dernières décennies de recherche. Comme dans tout domaine important mais disposant de peu de certitudes, les hypothèses abondent cependant que les positions théoriques corroborées et admises sont rares. Nous ne pouvons dans un ouvrage du type de celui-ci entrer dans le détail de cette littérature. Le lecteur intéressé à approfondir sa connaissance des débats et analyses dans le secteur de la neurolinguistique du bilinguisme et du multilinguisme consultera avec fruit le classique édité par Albert & Obler (1978), ainsi que plus récemment l'ouvrage de Fabbro (1999) et la compilation dirigée par Paradis (1995), à l'occasion du centième anniversaire de la première monographie sur l'aphasie chez les polyglottes (Pitres, 1895).

Les pathologies cérébrales du langage qui ont beaucoup aidé à progresser dans la définition et la localisation des fonctions langagières dans les cas de monolinguisme, et cela depuis la seconde partie du XIXe siècle, restent difficiles à interpréter dans les cas de bilinguisme et de multilinguisme. Dans ces cas, il ne paraît exister aucune association stable entre le type, la nature, localisation ou le degré de gravité de la lésion cérébrale impliquée et la gravité du handicap linguistique qui en résulte; non plus qu'entre la lésion, le handicap consécutif, et les connaissances linguistiques préalables (nombre de langues connues, niveaux des connaissances, périodes de vie où les langues ont été pratiquées, langue maternelle, seconde, tierce, etc., bilinguisme précoce ou plus tardif, bilinguisme simultané ou séquentiel, etc.); non plus encore entre tout ce qui précède et la langue qui est retrouvée la première, la seconde, etc.; en tout ou partie, par le patient émergeant du coma lésionnel ou dans les jours et semaines qui suivent l'épisode critique.

Les aphasiques bilingues ne récupèrent pas nécessairement leurs deux langues au même degré ni en même temps, quel qu'ait été le degré de maîtrise prélésionnelle de chacune. Certains récupèrent une de leurs langues beaucoup moins bien que l'autre, et cela bien que les deux langues aient été précédemment maîtrisées à un degré égal. Parfois, c'est la langue la plus courante avant l'accident qui devient la moins aisée. D'autres perdent accès à une ou plusieurs langues courantes avant la lésion et demeurent incapables de répéter mieux que quelqu'un qui n'aurait jamais parlé cette ou ces langue(s). Certains patients mélangent leurs deux langues et sont incapables de n'en parler qu'une à la fois. Un patient peut ne récupérer qu'une seule langue avant que la seconde ne devienne spontanément accessible des semaines ou des mois plus tard. Parfois, une des langues ne révèle aucun déficit, ni objectivement mesurable par les batteries de tests de langage, ni percevable dans l'utilisation quotidienne, avec, par contre, des difficultés notoires dans l'autre langue. Les récupérations aphasiques sélectives ont conduit à considérer théoriquement les langues comme des sous-systèmes d'un seul système général, celui du langage. On suppose que les langues, qui sont par leur nature plus semblables entre elles qu'elles ne sont semblables à toute autre fonction cognitive, s'organisent en un même ensemble. Néanmoins, chaque langue formerait un sous-ensemble susceptible d'être sélectivement inhibé ou activé à l'intérieur du système général.

D'autres hypothèses, telles que celle d'un seul système indifférencié pour deux langues (constituant la position classique sur le sujet; *cf.* Freud, 1891, et Pitres, 1895), de deux systèmes indépendants (déjà Scoresby-Jackson, 1867), ou d'une représentation tripartite, où ce qui est identique dans chaque langue n'est représenté qu'une fois, dans une intersection d'ensembles, tandis que les éléments qui diffèrent d'une langue à l'autre seraient représentés séparément, selon la langue, contrairement à l'hypothèse des sous-systèmes, ne sont pas compatibles avec l'entièreté des observations (*cf.* Fabbro, 1999). Par exemple, la facilité avec laquelle les locuteurs bilingues passent d'une langue à l'autre, parfois à l'intérieur de la même phrase, est incompatible avec l'hypothèse de deux systèmes neurolinguistiques complétement indépendants.

Une autre proposition est que les deux langues du sujet bilingue précoce partageraient des aires communes du même l'hémisphère, mais qu'une seconde langue apprise davantage tardivement correspondrait à des zones plus vastes mais englobant les précédentes. Le raisonnement étant que plus une langue est automatisée, moins étendue est la surface corticale requise pour sa représentation (Ojemann & Whitaker, 1978 ; Ojemann, 1983). D'autres auteurs encore envisagent une localisation de la deuxième langue contiguë à la première.

Au cours des dernières années, les rapports scientifiques basés sur les techniques d'imagerie cérébrale se sont multipliés. Ils mettent en évidence le fait que les locuteurs d'une langue apprise après l'âge de 7 ans utilisent pour le traitement neurologique de cette langue seconde des substrats cérébraux partiellement différents de ceux utilisés en langue maternelle et de ceux utilisés pour les deux langues chez les bilingues précoces. Il apparaît de plus en plus clairement que certaines aires cérébrales communes sont actives à des degrés divers lors de l'utilisation de la langue maternelle et d'une ou de plusieurs langue(s) seconde(s) apprise(s) avant l'âge approximatif de 7 ans (Klein, Zatorre, Milner, Meyner & Evans, 1995), et que des aires cérébrales supplémentaires dans des sites différents interviennent lors de l'utilisation d'une langue apprise plus tardivement. En outre, les locuteurs d'une langue apprise plus tardivement ont inévitablement des lacunes dans leur pratique linguistique. Ils cherchent à les compenser en faisant davantage appel à leurs connaissances pragmatiques (ce qui correspond à une activation plus importante de l'hémisphère droit — Wuillemin & Richardson, 1994 ; Chantraine *et al.*, 1998), à des ressources attentionnelles et de mémoire supplémentaires, et en exploitant plus systématiquement leurs capacités métalinguistiques. Ceci ne signifie pas, comme y insiste justement Paradis (1998), que les substrats et les processus neurolangagiers des langues secondes, tierces, etc., sont nécessairement principalement localisés dans l'hémisphère droit. Il s'agit vraisemblablement d'une particularité du bilinguisme non précoce. Dans la perspective ci-dessus, la récupération paradoxale de la langue précédemment la moins avancée chez les patients aphasiques bilingues plus tardifs pourrait résulter de la préservation, en dépit de l'accident cérébral, d'un ou de plusieurs dispositif(s) compensateur(s) particulier(s).

On le voit, les explications sont difficiles et restent précaires. De nombreuses études complémentaires seront sans doute nécessaires avant d'y voir clair dans le statut neurologique du multilinguisme. L'imbroglio théorique est à la mesure de la complexité du problème. Quelques certitudes préliminaires émergent cependant. En gros, les mêmes zones cérébrales traitent les mêmes composantes langagières, qu'il s'agisse d'une ou de plusieurs langues. Si l'exposition bilingue ou multilingue a eu lieu précocement, les zones en question paraissent avoir la capacité naturelle d'absorber, pour ainsi dire, les substrats additionnels. Dans les cas de bilinguisme ou de multilinguisme plus tardif, l'organisation cérébrale, désormais moins plastique, ne dispose plus de la même capacité intégrative et procède plutôt par ajouts et annexions de territoires corticaux supplémentaires de façon à permettre le traitement des langues additionnelles qui, dès lors, se fera d'une manière moins « naturelle » et pourra impliquer une participation accrue de l'hémisphère droit.

Chapitre 4
Apprendre une seconde langue

1. TYPES DE BILINGUISME ET CONTEXTE D'APPRENTISSAGE

En matière d'apprentissage des langues, nous ne sommes pas tous égaux. Si les contextes, les motivations, les méthodes et les résultats diffèrent d'un individu à l'autre, il est également vrai que le moment de notre vie auquel nous avons l'opportunité d'être confronté à une seconde langue est variable. Certains d'entre nous ont la possibilité d'apprendre deux langues simultanément « dès la naissance », alors que d'autres, la majorité, sont confrontés éventuellement à un apprentissage consécutif de deux langues.

Les premières études systématiques publiées dans le domaine du bilinguisme sont celles de Ronjat (1913) et Leopold (1939, 1947 & 1949a,b) décrivant le développement bilingue de leurs propres enfants. Ronjat est connu pour son principe « une personne, une langue », également connu sous le nom de Loi de Grammont. Cette « loi » veut que l'on attribue une correspondance stricte entre une langue et une personne. Elle part de l'hypothèse que des contextes langagiers séparés sont de nature à aider l'acquisition bilingue alors que des contextes mixtes auront plutôt tendance gêner les acquisitions. A l'heure actuelle, le principe « une personne, une langue » est encore recommandé lorsque l'enfant est confronté dans son environnement familial à des parents qui n'ont pas la même langue maternelle. Il existe, bien entendu, d'autres principes d'éducation bilingue. Romaine (1999), se basant sur des travaux de Harding & Riley (1986), propose six configurations d'éducation bilingue (tableau 1).

Il est évident que ces six types de bilinguisme mènent à des degrés de maîtrise différents des langues concernées. Outre la maîtrise des langues en présence chez les parents, leur statut dans la communauté et les stratégies éducatives adoptées, d'autres variables viennent influencer le niveau de compétence de l'enfant dans sa (ses) langue(s) maternelle(s) et dans la langue de la communauté. On épinglera la quantité et la qualité de l'input langagier, les styles d'interactions parents-enfants ou encore les attitudes de la famille, de la société et de l'école vis-à-vis des langues pratiquées par l'enfant. Prenons l'exemple du premier type de bilinguisme décrit dans le tableau 1. Il n'est pas rare, dans ce cas, que l'enfant comprenne la langue de chacun des parents mais n'en parle qu'une seule, à savoir celle qui est utilisée dans la communauté dans laquelle il vit. Par ailleurs, les études sociolinguistiques dans le domaine du bilinguisme montrent qu'il est difficile pour un enfant de parler une langue dite minoritaire non valorisée par la communauté. Dans notre exemple du bilinguisme « une personne, une langue », cela peut expliquer que l'enfant parle la langue d'un parent (celle reconnue par la communauté) et délaisse la langue de l'autre parent (non valorisée par la communauté).

Tableau 1 — Les six types de bilinguisme précoce (d'après Romaine, 1999).

Parents	Communauté	Stratégie
Type 1 : «Une personne, une langue» mère a 1 L. / père a 1 L		
– Langues maternelles différentes – Compétence langagière limitée dans la langue maternelle de l'autre parent.	La langue maternelle d'un des parents est la langue dominante de la communauté.	Chaque parent s'adresse à l'enfant dans sa propre langue maternelle.
Type 2 : «Langue parlée à la maison non dominante» / «Un environnement, une langue»		
Langues maternelles différentes	La langue maternelle d'un des parents est la langue dominante de la communauté.	Les deux parents parlent la langue non dominante à l'enfant qui est exposé à la langue dominante seulement en dehors de la maison.
Type 3 : «Langue parlée à la maison non dominante sans support de la communauté»		
Même langue maternelle	La langue dominante n'est pas la langue maternelle des parents.	Les parents parlent leur langue maternelle à l'enfant.
Type 4 : «Langues parlées à la maison non dominantes sans support de la communauté»		
Langues maternelles différentes	La langue dominante n'est pas une des langues maternelles des parents.	Chaque parent s'adresse à l'enfant dans sa propre langue maternelle.
Type 5 : «Parents non locuteurs natifs de la langue parlée à l'enfant»		
Même langue maternelle	La langue dominante est la langue maternelle des parents.	Un des parents s'adresse à l'enfant dans la langue qui n'est pas sa langue maternelle.
Type 6 : «Mélange de langues»		
Les parents sont bilingues	En partie bilingue (selon les secteurs d'activité).	Les parents passent d'une langue à l'autre et s'adressent dans les deux langues à l'enfant.

2. LES VARIABLES INFLUENÇANT L'APPRENTISSAGE DES LANGUES

En matière d'apprentissage des langues, on peut se poser la question suivante : est-ce la quantité d'input langagier ou bien sa qualité qui détermine la maîtrise future des langues ? Il semble en fait que les deux soient importants en la matière.

La réflexion sur l'importance de la *quantité d'input langagier* dans la maîtrise de la langue vient de l'observation des différences de maîtrise de certains aspects d'une langue ou d'aspects communs à plusieurs langues d'un groupe d'individus à un autre sans que cela ne puisse être expliqué par des variables cognitives ou linguistiques. De Houwer (1990) a étudié le développement langagier d'un enfant bilingue anglais/néerlandais. On remarque dans cette étude que l'enfant utilise uniquement l'imparfait en anglais alors qu'il emploie principalement le passé composé en néerlandais; forme de conjugaison considérée comme bien plus complexe que la forme passée anglaise. L'auteur justifie cette différence dans l'utilisation des temps entre les deux langues par la fréquence d'utilisation des formes temporelles respectives dans ces langues. En anglais, c'est l'imparfait qui est le plus souvent utilisé pour faire référence à des événements passés. Il est donc normal, selon De Houwer, que ce soit ce temps qui soit principalement utilisé par l'enfant lorsqu'il parle anglais et ce même s'il est formellement capable d'utiliser des formes de conjugaison plus complexes dans une autre langue.

Dans la même optique, Romaine (1999) nous dit que « les aspects de la structure langagière les plus spécifiquement déterminés ou reliés à des aspects de la structure sociale sont clairement affectés par l'exposition à des contextes sociaux dans lesquels la quantité de ces aspects langagiers est suffisamment présente que pour en provoquer l'acquisition » (p. 268). Elle utilise l'exemple de la distinction des pronoms personnels de la seconde personne du singulier et de la seconde personne du pluriel présente dans plusieurs langues dont le français (*tu versus vous*), l'allemand (*Du versus Sie*) et l'espagnol (*tu versus usted*). L'utilisation d'une forme ou de l'autre dépend du statut social de l'interlocuteur (un interlocuteur familier est interpellé par le pronom personnel *tu* en français alors qu'un interlocuteur inconnu ou hiérarchiquement plus important est interpellé par le pronom personnel *vous* également appelé « vous majestatif »). L'âge d'acquisition de cette distinction varie considérablement d'un groupe linguistique à l'autre et plus particulièrement au sein des groupes monolingues (Romaine, 1984). Ainsi, les enfants hongrois issus de la campagne acquièrent ce contraste plus tard que leurs homologues issus de la ville; ces derniers étant davantage en contact avec des personnes dont les statuts sociaux diffèrent du leur et de celui de leur famille. Hollos (1977) parle même d'un décalage de plusieurs années entre les deux groupes d'enfants pour l'acquisition de la forme équivalente au « vous ».

Les exemples concernant l'influence de la quantité d'input langagier sur la maîtrise de la (des) langue(s) apprises par l'enfant ne manquent pas. Nous pourrions encore en citer prélevés tant dans des langues proches de la nôtre que dans des langues plus « exotiques » et éloignées. Cependant, l'objectif ici n'est pas de faire un inventaire des études comparatives intra- et inter- langues mais bien de donner des indications sur l'importance que peuvent avoir certaines variables dans la maîtrise d'aspects linguistiques particuliers.

Quand on parle de variables influençant la maîtrise d'une ou plusieurs langues, on ne peut ne pas faire allusion à la *qualité de l'input linguistique* fourni aux enfants. D'ailleurs, d'avantage que sur la quantité d'input linguistique, les chercheurs se penchent maintenant sur la qualité des interactions entre l'enfant et ses parents de même que sur la nature de cet input. Depuis quelques années maintenant, on sait que les styles interactifs des parents, sur lesquels nous reviendrons également plus tard, influencent les acquisitions linguistiques de l'enfant bilingue. Selon Kielhöfer & Jonekeit (1983), dont les travaux s'inscrivent dans la lignée du principe « une personne, une langue », le développement du langage de l'enfant bilingue reflète en partie le lien émotionnel qui uni l'enfant à ses parents. Toujours selon ces auteurs, si l'enfant est davantage lié à un parent, il développera plus vite et plus facilement la langue parlée par ce parent. Cette hypothèse semble confirmée par l'étude de Döpke (1992) sur la nature des inputs linguistiques fournis à l'enfant bilingue et sur les stratégies interactionnelles utilisées par les parents. Döpke a observé le développement linguistique de plusieurs enfants élevés dans un milieu bilingue (anglais-allemand). Si les enfants étaient comparables au niveau de l'âge et du milieu d'origine, leurs progrès après six mois d'observations n'étaient pas semblables. Deux des enfants étudiés par Döpke ont vu leurs capacités de production et de compréhension en allemand s'accroître. Par contre, trois d'entre eux n'ont effectué aucun progrès dans cette langue endéans les six mois d'observation et ont même manifesté le désir de ne pas la parler. Le dernier enfant observé avait quant à lui progressé en allemand mais ne désirait plus parler cette langue. On peut s'interroger sur les raisons qui ont amené ces six enfants à réagir de manière aussi différente face à une des deux langues auxquelles ils étaient confrontés à la maison. Il semble qu'il faille chercher l'explication dans la nature de l'input donné par le père aux enfants. Dans les six cas, le père parlait l'allemand à la maison alors que la mère s'adressait en anglais aux enfants (langue de la communauté dans laquelle les familles vivaient). L'analyse des interactions entre les parents et les enfants montre que dans le cas des enfants ayant progressé, le père parlait plus aux enfants que la mère et se centrait davantage sur les enfants dans les interactions. Romaine (1999) a repris et analysé les résultats de Döpke. Elle pense que ces résultats montrent que les pères ont un rôle positif à jouer dans la transmission des langues minoritaires à l'enfant et que la qualité de l'input joue un bien plus grand rôle dans la maîtrise des langues que la quantité d'input. Comme le souligne Romaine (1999), ces résultats sont autant «négatifs» que «positifs» pour les couples mixtes qui désirent élever leurs enfants dans les deux langues. Ils sont positifs et poussent à l'optimisme car ils montrent que les parents peuvent avoir un impact non négligeable sur le degré de bilinguisme de leur enfant en lui fournissant un environnement linguistique riche et de qualité. Ils peuvent être négatifs dans le sens où la présence de langues dans l'environnement de l'enfant ne suffit pas au bilinguisme. La maîtrise des langues en présence dépend d'un investissement important en temps et en énergie pour fournir à l'enfant des conditions d'apprentissage optimales.

Si la quantité et de la qualité de l'input linguistique fournis à l'enfant influencent la maîtrise des langues, les *styles interactionnels des parents*, et plus particulièrement la manière dont ils adhèrent au principe « une personne, une langue », jouent également un rôle important dans le niveau futur de bilinguisme de l'enfant. Dans les différentes études sur le bilinguisme précoce d'enfants issus de couples mixtes, on relève plusieurs variantes de ce même principe. Ainsi, dans l'étude de Lanza (1992), le père parlait norvégien à sa fille et acceptait qu'elle lui réponde en anglais. Les études relatées par Ronjat (1913) et Leopold (1939, 1947 & 1949a,b) font état d'une application stricte du principe « une personne, une langue » (l'enfant devant impérativement s'adresser à ses parents dans leur langue respective). C'est Fantini (1985) qui nous donne la version la plus libre du principe en décrivant des interactions dans lesquelles les parents fournissent de temps à autre des traductions dans une langue de ce qu'ils disent dans l'autre. La majorité des études relatées dans la littérature laisse entrevoir que les enfants dont les parents respectent scrupuleusement le principe « une personne, une langue » sont également ceux qui atteindront le meilleur niveau de bilinguisme et la meilleure compétence dans les deux langues. Notons cependant que deux études tendent à contredire ce principe. La première est celle de Bain (1974) qui ne constate pas d'effet significatif de la correspondance personne-langue dans le contexte linguistique sur les habiletés cognitives de l'enfant bilingue. La seconde est celle de Doyle, Champagne & Segalowitz (1977) sur le mélange des langues dans le milieu familial. Les auteurs ont étudié 45 enfants bilingues de 1 à 2 ans et ne constatent aucune différence entre les enfants bilingues selon que leurs parents mettent en pratique ou non la loi de Grammont. Selon eux, la séparation des langues en fonction des locuteurs n'a que peu d'effet sur le développement linguistique et cognitif de l'enfant bilingue.

Les variables que nous venons de passer en revue touchent essentiellement des aspects de la dynamique familiale. Cependant, les *attitudes* de la famille, de l'école et de la société en général vis-à-vis des langues pratiquées par l'enfant peuvent également en influencer le degré de maîtrise. Cet aspect des choses renvoie aux notions de bilinguisme additif et de bilinguisme soustractif que nous avons abordées précédemment. Il semble, en effet, que le statut relatif des deux langues en présence ainsi que la perception de ce statut par l'individu jouent un rôle non négligeable dans la maîtrise de ces langues. Selon Lambert (1974, 1977), les bilinguismes additif et soustractif se développent en fonction du milieu socioculturel dans lequel l'expérience bilingue a lieu et de la place des langues dans le système de valeur de l'individu. Dans une situation de bilinguisme additif, où les deux langues sont valorisées par l'individu et la société dans laquelle il vit, les deux langues vont apporter des éléments positifs complémentaires au développement de l'enfant. Dans une situation de bilinguisme soustractif, une des deux langues est dévalorisée par la société et rejetée au profit d'une langue dont les valeurs et le statut sont perçus comme plus « prestigieux ». L'enfant aura, dans ce cas, tendance à rejeter cette langue non reconnue par la société environnante. Ce cas de figure se rencontre généralement lorsque l'enfant appartient à une minorité ethnique et qu'il est scolarisé dans une langue nationale plus prestigieuse que sa langue maternelle. Selon Lambert, le bilinguisme atteint dans ce cas reflètera une étape dans la soustraction de la compétence dans les deux langues qui aura des répercussions sur le développement intellectuel, sur la personnalité et sur les compétences langagières de l'individu. Hamers & Blanc (1983) distinguent deux types de minorités ethniques : 1) celles qui ont un statut territorial particulier (par exemple, communautés ethniques issues de régions particulières d'un pays, comme les Catalans en Espagne); et 2) celles qui n'ont pas de territoire reconnu et qui cohabitent avec le groupe dominant et éventuellement avec d'autres minorités (c'est le cas typique des populations immigrées ou des populations autochtones installées dans le pays bien avant l'arrivée du groupe dominant — par exemple, les Amérindiens aux Etats-Unis). Le premier cas est relativement complexe et la reconnaissance de la langue minoritaire comme langue d'enseignement dépend généralement d'une volonté politique. Le second cas est plus clair. Il concerne des groupes ethno-linguistiques nettement minoritaires dans la société. L'écart (tant culturel que linguistique) entre le groupe dominant et le groupe dominé est plus grand que dans le premier cas. Comme nous le rappelle Hamers & Blanc, la situation de ces minorités n'est pas sans poser problème puisqu'elles ne peuvent « survivre » sans maîtriser la langue officielle du pays (langue qui n'est pas leur langue maternelle). Le cas de ces minorités ethno-linguistiques n'est pas anecdotique puisque leur situation et les problèmes qui peuvent en découler ont souvent amené les politiques et la société à montrer le bilinguisme du doigt. Ainsi, qui n'a pas entendu parlé du prétendu « handicap cognitif » consécutif au bilinguisme. Cummins (1981) a étudié cette question et a introduit le concept de « mythe du handicap bilingue » dont il résume les différentes étapes en un tableau (tableau 2).

Sous prétexte d'harmonie sociale, les sociétés tendent à imposer l'apprentissage de la langue dominante aux minorités ethnolinguistiques allant même, dans les cas extrêmes, jusqu'à exclure la pratique de la langue maternelle des groupes minoritaires et donc un certain type de bilinguisme. Dans cette conception, que Cummins dénonce, le bilinguisme est considéré comme le moteur des échecs scolaires et d'un déficit cognitif des enfants. Comme nous le verrons dans le chapitre 7, il n'en est rien. Les données scientifiques disponibles à l'heure actuelle montrent toutes que le bilinguisme n'est pas responsa-

Tableau 2 — Le mythe du handicap bilingue (d'après Cummins, 1981).

A. Buts de l'enseignement de L2		D. Conséquences	
But avoué Enseigner L2 aux minorités pour créer une société harmonieuse et une égalité des chances pour tous	But caché Assimiler les minorités car le pluralisme linguistique et culturel mènent à la désunion	Efforts redoublés de l'éducation pour extirper les déficiences	L'effet de ces efforts renforce le mythe du déficit des groupes minoritaires
B. Méthode	Justification	C. Résultats	Explications pseudo-scientifiques
– Interdiction de L1 à l'école – Dévalorisation de la langue et de la culture de L1 pour que les enfants s'identifient à la majorité	– L1 interfère avec l'apprentissage de L2 – L'identification avec la culture de L1 empêche l'identification avec la culture de L2	– Honte de L1 et de sa culture – Substitution de L2 à L1 – Echec scolaire d'un grand nombre d'enfants	– Le bilinguisme est une cause de déficit cognitif, d'insécurité et d'échec scolaire – Les minorités sont culturellement déficientes

ble des échecs scolaires. Ces derniers sont imputables à « des facteurs socio-structurels, socio-éducationnels et socio-psychologiques qui conduisent à un bilinguisme soustractif » (Hamers & Blanc, 1983).

Chapitre 5
L'échec des méthodes traditionnelles

De réforme en réforme, diverses méthodes d'enseignement des langues étrangères ont été prônées ; de l'apprentissage purement livresque et passif aux brefs échanges périodiques d'étudiants avec les pays frontaliers (généralement l'Allemagne ou la Hollande), en passant par les méthodes dites audiovisuelles, toutes n'ont souvent été que l'effet d'une mode et leur efficacité n'est pas établie. Dans l'absolu, quatre types de problèmes se posent. Il faut trouver en eux, et dans leur combinaison, l'explication de ce que nombre de personnes confrontées aux carences linguistiques des enfants en fin de scolarité qualifient ouvertement d'échec plus que relatif de l'apprentissage scolaire des langues étrangères.

1. L'APPRENTISSAGE SCOLAIRE COMMENCE TROP TARD

La majorité des élèves ne sont confrontés à l'enseignement systématique d'une seconde langue qu'aux alentours de 12 ans, c'est-à-dire lors de leur entrée à l'école secondaire. La troisième et la quatrième langue, facultatives quant à elles, n'apparaissent dans le cursus qu'au début du cycle secondaire supérieur (4ᵉ année). Au vu des données psycho- et neurolinguistiques, on relève le caractère tardif de cet enseignement. La plasticité cérébrale, du moins dans le domaine linguistique, paraît décliner de manière importante à partir de 8 ou 9 ans. En ce qui concerne les capacités discriminatives et articulatoires, la période privilégiée de sensibilisation est déjà révolue à ces âges.

Certains argumenteront, peut-être, qu'un nombre important d'écoles primaires, tous réseaux confondus, organisent des cours de langues pendant les heures de midi, les récréations ou encore occasionnellement en fin de journée. Ces cours sont cependant facultatifs et ils n'interviennent qu'à raison d'un temps très limité par semaine. Cela ne peut suffire.

2. L'APPRENTISSAGE SCOLAIRE EST TROP PEU INTENSIF

L'apprentissage scolaire obligatoire d'une seconde langue, déjà bien tardif, est également trop peu intensif. Tout au long de la scolarité secondaire, le nombre d'heures ou plus exactement de périodes dévolues à l'enseignement de la ou des langue(s) choisies par les élèves est minime. En effet, seulement 4 périodes/semaine y sont consacrées. Quand on pense au nombre d'heures, de jours et d'années que l'enfant passe à apprendre sa langue maternelle, espérer faire acquérir une langue étrangère en lui consacrant 4 périodes (soit 200 minutes)/semaine relève d'un optimisme inconsidéré.

3. L'APPRENTISSAGE SCOLAIRE EST TROP RÉFLEXIF   contenu

Outre les inconvénients du timing dans l'enseignement traditionnel des langues étrangères, on est confronté à la problématique du contenu des cours. On constate trop souvent que la place primordiale est accordée à la grammaire au détriment de la capacité à communiquer. Combien d'heures de cours sont consacrées à l'assimilation d'une grammaire, souvent présentée de manière rébarbative, rappelant (pour beaucoup) le pénible méta-apprentissage scolaire de la grammaire française ? Il faut réaliser le caractère peu motivant de ces apprentissages formels. Qui ne serait pas découragé devant un amoncellement de règles et d'exceptions ? Lors de l'élaboration des programmes de cours, les enseignants semblent oublier trop souvent la fonction fondamentale du langage : la communication ! Ne serait-il pas plus intéressant, attractif, mais surtout utile d'exposer les élèves à des situations de conversation type, de leur apprendre à communiquer entre eux, avec l'enseignant, et surtout avec des locuteurs natifs ?

4. LES TECHNIQUES D'APPRENTISSAGE SONT ESSENTIELLEMENT DE TYPE TRADUCTIF

Le problème suivant n'est en fait qu'une continuation du précédent, mais il mérite attention. Bien trop souvent, le travail en classe, et éventuellement à domicile, est de type traductif. Les thèmes et les versions ne sont jamais que des exercices formels. Il est bien sûr souhaitable que les enfants puissent lire et traduire les autres langues. Cependant, ce n'est pas l'objectif premier de l'apprentissage des langues ! Celui-ci concerne la communication orale. Pouvoir comprendre, parler, et ensuite, seulement, lire et écrire, tels sont les objectifs d'une pédagogie fonctionnelle des langues étrangères. Pour y arriver, il convient de donner la priorité aux activités spécifiquement orientées vers ces objectifs.

//
Chapitre 6
La méthode immersive

L'immersion linguistique scolaire est une approche alternative à l'apprentissage traditionnel des langues étrangères. Elle permet une exposition précoce et de longue durée à une seconde langue. Elle se distingue des techniques traditionnelles d'apprentissage des langues par le fait que la seconde langue est également l'instrument (complet ou partiel) d'enseignement des matières scolaires. Il s'agit d'un enseignement bilingue au sens de Groux (1996), c'est-à-dire un système d'enseignement dans lequel l'instruction est donnée, consécutivement ou simultanément, dans deux langues. L'une de ces deux langues est la langue maternelle de l'enfant. Le moment d'introduction de la seconde langue, la durée d'exposition de l'enfant à cette seconde langue ainsi que la proportion d'heures d'enseignement qui y sont consacrées sont variables. L'enseignement dans chaque langue est dispensé préférentiellement par une personne native ou très fluente en cette langue. Il y a place là pour de fructueux échanges d'enseignants entre les pays et les communautés, qu'il conviendrait d'encourager dans la perspective d'une Europe de la mobilité éducative. La situation belge est particulièrement favorable à ce niveau puisqu'on y trouve trois communautés linguistiques officielles (française, néerlandaise et allemande), outre une importante communauté anglophone et un contingent important d'écoles internationales de langue anglaise.

Le continent nord-américain, et plus particulièrement le Canada, ont fait de l'immersion linguistique une option courante au niveau de l'enseignement maternel, primaire et secondaire. Au Canada, on compte un peu plus de 300.000 élèves fréquentant chaque année les programmes immersifs (Commission of Official Languages, 1995). Aux Etats-Unis, près de 25 états ont opté pour l'immersion linguistique comme technique d'apprentissage des langues étrangères (Center for Applied Linguistics, 1993). Plus près de nous, le Luxembourg et la Vallée d'Aoste en Italie ont également mis en place un enseignement précoce des langues étrangères.

1. VARIATIONS DANS LES PROGRAMMES IMMERSIFS

L'immersion scolaire peut être précoce (dès la maternelle), « différée » (débutant au primaire), ou « tardive » (secondaire ou supérieur). Dans ce dernier cas, l'immersion est assimilable à un enseignement secondaire bilingue dont les objectifs sont un niveau de bilinguisme fonctionnel, une sensibilisation à la culture de la langue seconde et une compréhension sociale des membres de la communauté-cible. L'immersion scolaire peut être *totale* (100 % du temps de classe passé en langue seconde) ou *partielle* (diverses proportions du temps scolaire se font en langue seconde, le reste en langue maternelle). Les deux séries de caractéristiques se croisent. On peut avoir une immersion précoce totale ou partielle, une immersion totale ou partielle au primaire, etc. De même, les matières dispensées en langue maternelle et en langue seconde peuvent varier au sein des programmes immersifs et sont habituellement laissées à l'appréciation des responsables locaux.

2. LES RÉSULTATS DE L'IMMERSION

Les études effectuées dans plusieurs pays montrent que les élèves effectuant une scolarité immersive ont des performances au moins comparables à celles de leurs pairs monolingues dans tous les domaines enseignés ainsi que pour les modalités parlée et écrite de la langue maternelle (pour une revue de la littérature, le lecteur pourra se reporter à Cunningham & Graham, 2000). Leurs compétences en langue seconde sont nettement supérieures à celles des élèves suivant un apprentissage traditionnel des langues étrangères.

2.1. Immersion et développement en langue maternelle

Lorsque nous parlons d'immersion, il s'agit d'immersion (scolaire) contrôlée, c'est-à-dire planifiée selon des règles précises et faisant l'objet d'un suivi. Nous n'envisageons pas l'introduction brutale dans une classe monolingue d'un enfant élevé jusque là dans une autre langue. Une telle procédure, parfois qualifiée d'immersion « sauvage », résulte soit du choix des parents de scolariser l'enfant dans une autre langue que sa langue maternelle (la situation est souvent observée dans les communes proches de la frontière linguistique), soit d'une obligation sociale et économique (c'est le cas des enfants issus de l'immigration). Il est vrai que dans ces circonstances le manque d'encadrement pédagogique tant au niveau de la langue maternelle que de la langue seconde, peut conduire à des situations de moindre maîtrise des langues en présence. De telles situations ne sont pas comparables à l'immersion linguistique scolaire organisée que nous décrivons dans ce chapitre.

Les données sur les effets de l'immersion linguistique contrôlée sont extrêmement convergentes. Elles attestent que l'introduction d'une langue étrangère dans le cursus scolaire de l'enfant ne retarde pas le processus normal d'acquisition de la langue maternelle, et ce plus particulièrement s'il s'agit d'immersion partielle. Certains travaux suggèrent que l'enseignement immersif peut, dans une certaine mesure, être bénéfique pour le développement en langue maternelle. Une étude menée avec des enfants anglophones immergés en langue espagnole (Cunningham & Graham, 2000) met en évidence une augmentation du vocabulaire anglais consécutive à l'immersion espagnole. L'explication de ce transfert positif réside vraisemblablement dans une sensibilisation accrue des enfants immergés à la dimension lexicale et à l'arbitraire lexical interlangue par le fait de l'exposition bilingue (sensibilisation déjà signalée par Leopold, 1939, 1947 & 1949a,b), aboutissant à intensifier la motivation à apprendre de nouveaux mots également en langue maternelle.

Les résultats de l'immersion anglaise précoce partielle menée au Lycée Léonie de Waha, à Liège, depuis 1989 (Comblain & Rondal, 1993), confirment largement les données internationales sur l'innocuité de l'enseignement immersif par rapport à la langue maternelle. Les cours sont donnés en anglais le matin et en français l'après-midi (répartition deux tiers anglais et un tiers français) et dispensés par des enseignants natifs ou très fluents dans la langue d'enseignement. Le programme a fait l'objet, pendant les deux premières années, d'un suivi par le Service de Psychologie du Langage de l'Université de Liège. On a évalué les aspects phonologiques, lexicaux et morpho-syntaxiques du français chez 25 enfants francophones immergés en anglais et chez 25 enfants francophones non immergés servant de contrôles. Les évaluations ont été effectuées au terme de la 3e maternelle (soit après un an d'immersion) et à la fin de la 1re année primaire (soit après 2 ans d'immersion) (pour plus de détails sur les épreuves utilisées et les résultats obtenus, on verra Comblain & Rondal, 1990, 1991). L'évaluation a montré qu'après deux ans d'immersion anglaise les phonèmes français restent parfaitement stables tant au plan productif que réceptif (discriminatif). Au niveau lexical, on relève, chez les enfants immergés comme chez les enfants monolingues francophones, des erreurs portant sur certains lexèmes complexes et de basse fréquence d'utilisation dans la langue. Davantage d'erreurs sont produites en dénomination qu'en désignation; ce qui est le profil habituel. Parmi les enfants immergés, certains ont semblé éprouver quelques difficultés dans l'attribution du genre (grammatical) à certains noms (par exemple : un lapin -> *une* lapin; une heure -> *un* heure). Les pourcentages d'erreurs restent, cependant, très faibles. La question de savoir s'il est justifié de les attribuer à une influence perverse de l'anglais est restée sans réponse assurée. D'une part, la langue anglaise ne marque pas le genre au niveau de l'article. D'autre part, c'est le type d'erreur qu'on observe chez l'anglophone débutant (et même moins débutant) en français. Il peut être favorisé chez les enfants immergés par le fait de ne pas se préoccuper du genre grammatical en anglais qui, débordant sur le français, aboutit à accorder moins d'attention qu'il n'en faudrait à cette dimension.

Au niveau morpho-syntaxique, on observe, après un an d'immersion, que les enfants immergés disposent toujours d'une production et d'une compréhension des structures de base de la langue française comparables à celles des enfants non immergés (monolingues francophones). Dans les deux groupes, un certain nombre de structures maîtrisées tardivement font encore et très normalement problème. C'est le cas des passives, de certaines négatives, des relatives et d'autres subordonnées complexes. Mais les niveaux de développement atteints sont parfaitement normaux.

Au terme de la seconde année d'immersion, les résultats obtenus par la majorité des enfants immergés en compréhension de phrases se situent au-dessus de la moyenne sur base de l'âge chronologique. Lorsqu'on compare leurs résultats avec ceux de l'année précédente, on observe une nette amélioration des performances. Ces enfants ont continué à progresser dans l'acquisition de leur langue maternelle sans interférence ou d'amalgame entre les codes linguistique français et anglais. En fait, les résultats aux tests de langue française des enfants de la classe immergée en première primaire sont supérieurs à ceux des enfants de mêmes âges de la classe contrôle monolingue francophone; et ce particulièrement pour la compréhension des énoncés complexes. On évitera toutefois d'en déduire que l'immersion bilingue en elle-même favorise directement l'acquisition de la langue maternelle. Les niveaux de départ des enfants des classes immergées et non immergées n'ayant pas été égalisés au début d'évaluation, et aucune analyse de co-variance qui aurait permis de tester strictement l'hypothèse, n'ayant pu être effectuée. On notera qu'une influence favorable de l'immersion bilingue sur la langue maternelle n'est pas exclue. On retrouverait alors une indication allant dans le même sens que celle de Cunningham & Graham (2000), mentionnée ci-dessus, mais cette fois pour les aspects grammaticaux du langage. Une question pertinente serait alors de savoir pourquoi dans nos données l'effet positif de l'immersion anglaise sur le français se manifeste seulement lors de la deuxième année d'immersion. Une réponse possible est qu'il faut peut-être un certain temps avant qu'une motivation langagière accrue ne puisse influencer la langue maternelle, particulièrement au niveau de la composante morpho-syntaxique (*cf.* Meisel, 1990, pour des indications similaires relatives à des cas de bilinguisme allemand-français).

Quoi qu'il en soit, il est clair, au terme des contrôles effectués, qu'un enseignement dans une langue autre que la langue maternelle, aux niveaux scolaires considérés, ne constitue en rien un frein à l'acquisition de cette dernière.

Au-delà des premiers contrôles, l'aboutissement, il y a quelques années, d'un cycle complet de scolarité immergée anglais-français (de la 3ᵉ maternelle à la fin de la 6ᵉ primaire) a permis d'établir sur la base des résultats scolaires, cette fois, que la maîtrise de la langue maternelle n'était nullement affectée par la méthode immersive. Les élèves immergés, comme les autres enfants du même réseau d'enseignement, ont passé avec succès les examens cantonaux en français. Le soutien scolaire de 2 heures par jour en langue française apparaît donc suffisant pour assurer un développement normal en langue maternelle.

Une autre indication allant dans le même sens est fournie par une étude de Wronowski (2000), menée à partir de notre Unité de Recherche sur le Développement et les Pathologies

Langagières, à l'Université de Liège. Le travail a porté sur quatre groupes d'enfants âgés de 5 ans et fréquentant des écoles situées en Communauté Germanophone de Belgique. Les deux premiers groupes étaient constitués respectivement d'enfants francophones natifs scolarisés en langue allemande (immersion totale à partir de la première année d'école maternelle, soit 3 ans d'âge) et d'enfants germanophones natifs scolarisés en langue française (immersion totale également à partir de la première maternelle). Les deux autres groupes comprenaient respectivement des enfants monolingues francophones et germanophones. Les compétences phonologiques, lexicales et morpho-syntaxiques ont été évaluées dans chacune des deux langues tant en compréhension qu'en production. Les enfants bilingues (tant français-allemand qu'allemand-français) obtiennent des résultats comparables à ceux de leurs homologues monolingues dans toutes les épreuves à l'exception de la dénomination lexicale et d'une tâche de détection des contrastes phonologiques (par exemple, *poule, boule, moule,* en français). Pour ces épreuves, les enfants monolingues surpassent les bilingues correspondants de façon statistiquement significative et en moyenne d'une vingtaine de pour-cent (dans les deux cas).

Les données de Wronoswki sont intéressantes en ce que, premièrement, elles confortent l'indication selon laquelle l'immersion scolaire précoce n'est pas de nature à hypothéquer le développement de la langue maternelle. Cependant, et c'est le second point, on constate qu'une immersion totale (100 %), donc sans soutien scolaire de la langue maternelle, peut avoir pour conséquence immédiate une réduction modérée de la disponibilité lexicale productive et peut-être de la sensibilité phonémique contrastive.

2.2. Immersion et maîtrise de la langue seconde

Les publications relatives à la méthode immersive suggèrent qu'un enseignement immersif de type long est nettement plus efficace. Certes, et on s'y attendrait, même après plusieurs années d'immersion, la compétence des apprenants en langue seconde n'égale jamais complètement celle des sujets natifs monolingues. Il ne s'agit pas d'une quelconque faiblesse intrinsèque de la méthode immersive scolaire, mais bien d'un effet de quantité et d'intensité de l'exposition et de la pratique langagière. Cependant, les enfants immergés n'éprouvent aucune difficulté à se faire comprendre en langue seconde. Ils disposent d'une aisance fonctionnelle qui impressionne généralement les parents et les observateurs. Leur compétence langagière en langue seconde est nettement supérieure à ce qui est habituellement obtenu en suivant les cours de langues dans un enseignement traditionnel.

Selon Hart, Lapkin & Swain (1989), il est pertinent d'envisager les capacités en langue étrangère des enfants immergés selon quatre rubriques : aspects grammaticaux, discursifs, sociolinguistiques et stratégiques.

La compétence grammaticale. Il s'agit de l'aptitude à utiliser les règles syntaxiques d'une langue. Les enfants ayant reçu un enseignement de type immersif se distinguent de leurs pairs locuteurs natifs au plan de la compétence grammaticale en plusieurs points. Outre les problèmes grammaticaux généralement rencontrés chez les apprenants natifs (par exemple, la concordance des temps), on remarque certaines difficultés dans l'utilisation adéquate de mots particuliers, essentiellement de type fonctionnel, tels que les prépositions, les conjonctions de coordination et de subordination, ainsi que les adverbes de temps et de lieu. La réalisation de tâches linguistiques peu courantes comme l'adaptation d'un énoncé à un contexte particulier semble plus difficile pour les enfants immergés que pour les natifs. On observe, en fonction de l'âge chez les enfants immergés, une sensibilité différentielle et particulière à certains aspects grammaticaux de la langue-cible (par exemple, le genre des noms — pour des enfants anglophones immergés en français — ainsi que les éléments redondants au sein de l'énoncé — « les enfants jouent » redondance de l'information « pluriel » marquée deux fois à l'oral et trois fois à l'écrit). Si, d'un point de vue général, on constate chez les enfants immergés une proportion plus grande d'erreurs grammaticales que chez leurs pairs natifs, les messages transmis sont parfaitement compréhensibles.

La compétence discursive. Elle est définie comme la capacité à comprendre et produire un discours ou un texte (narratif, descriptif, explicatif ou argumentatif). Cette compétence est généralement bonne et suffisante pour les échanges effectués en classe ainsi que pour étudier en langue seconde des matières comme l'histoire ou les sciences.

La compétence sociolinguistique. Il s'agit de l'aptitude à adapter son langage à l'interlocuteur ainsi qu'à la situation. Elle est moins fine chez les enfants immergés que chez les sujets natifs. Sans doute est-ce un effet du registre forcément limité des interactions langagières et des échanges sociaux en langue seconde dans les contextes immersifs par rapport aux contextes de vie des sujets natifs.

La compétence stratégique. Elle est définie comme l'aptitude à « se débrouiller » afin d'éviter que des lacunes dans divers domaines n'entraînent une rupture de la communication. Cette aptitude est bien développée chez les enfants immergés qui montrent une nette tendance à compenser leurs limitations en contournant habilement les difficultés qu'elles occasionnent. Plusieurs types de stratégies sont identifiables (par exemple, l'emploi d'un mot de la langue maternelle prononcé à la manière de la langue seconde, l'utilisation d'un terme plus général, ou encore la construction de périphrases quand le terme propre en langue seconde n'est pas disponible ou accessible).

L'expérience d'immersion anglo-française du Lycée de Waha a fourni et fournit encore des indications claires en faveur de la parfaite applicabilité de la méthodologie immersive dans nos écoles dès le maternel et au primaire. Après avoir effectué avec succès le parcours scolaire jusqu'à la fin du primaire, les enfants immergés ont été invités à choisir une section du secondaire créée spécialement pour eux et comportant huit heures d'anglais/semaine, de façon à maintenir les acquis en cette langue. Et ce à défaut d'un enseignement secondaire immersif, inexistant en Belgique.

Concernant la langue anglaise, objectif du programme, on a pu constater que les enfants amélioraient constamment leurs acquis aux plans phonologique, lexical et morphosyntaxique pendant toute la durée des cycles maternel et primaire. Pour les deux premières années d'immersion (3e maternelle et 1re année primaire), à la demande de l'Echevinat de l'Instruction Publique de la Ville de Liège, une évaluation des connaissances lexicales et morphosyntaxiques en anglais chez les enfants immergés a été effectuée par le Service de Psychologie du Langage de l'Université de Liège (Comblain & Rondal, 1990, 1991). A la fin de la première année primaire, les résultats au test «British Picture Vocabulary Scale» (Dunn, Dunn, Whetton & Pintilie, 1982) suggéraient un niveau de développement lexical équivalent à celui d'enfants anglophones natifs âgés de 4 à 5 ans. Après seulement deux ans d'immersion scolaire partielle, cette indication est très encourageante. L'évaluation morphosyntaxique a été effectuée à partir des données productives fournies par les institutrices anglophones (natives) des enfants immergés. Elle a permis de confirmer un bon développement grammatical en langue anglaise, situant également les enfants immergés, en fin de première année primaire, à un niveau proche ou équivalent de celui d'enfants anglophones natifs âgés d'environ 4 ou 5 ans.

2.3. Immersion et langage écrit

Les enfants fréquentant des programmes d'immersion apprennent d'abord à lire en langue seconde. On peut s'interroger sur les mécanismes d'apprentissage de la lecture dans une situation d'immersion linguistique ainsi que sur ceux impliqués dans le transfert des acquis de L_2 vers L_1.

Des études ont été menées sur les capacités en lecture de ces enfants. Genesse (1984) met en évidence un léger déficit des enfants bilingues par rapport aux enfants anglophones monolingues dans l'acquisition de l'anglais écrit. La différence s'amoindrit au fil de la scolarité pour disparaître dès la troisième ou quatrième année de scolarisation; moment auquel on introduit une heure d'enseignement de la langue maternelle dans le curriculum scolaire des enfants bilingues. Comeau, Carmier, Grandmaison & Lacroix (1999) ont suivi des enfants anglophones en immersion française partielle (langue maternelle à 20 % du temps pendant les deux premières années de la scolarité primaire, à 50 % ensuite et jusqu'à la fin du primaire). Ces auteurs se sont penchés plus particulièrement sur les prises de conscience phonologique qui sont liées à l'acquisition de la lecture dans les langues alphabétiques (on verra notamment Alegria, Leybard & Mousty, 1994, sur ce point). Comeau *et al.* observent que les enfants fréquentant des programmes d'immersion linguistique, et apprenant d'abord à lire en langue seconde, transfèrent spontanément leurs acquis et stratégies de lecture à la langue maternelle et ce en l'absence de toute apprentissage scolaire systématique de la forme écrite de cette dernière.

2.4. Les effets psychologiques et linguistiques de l'immersion scolaire

Au terme de la scolarité primaire, les enfants immergés disposent d'impressionnantes capacités réceptives et productives en langue seconde qu'ils pourront perfectionner au secondaire. Comme on l'a établi, la pratique immersive n'est ni un embarras pour la maîtrise des matières inscrites aux programmes ni pour le développement des connaissances en langue maternelle. Il est souhaitable, cependant, de soutenir la langue maternelle pendant le cursus immersif. A ce sujet, on verra l'analyse que fait Braun (1992) du phénomène, existant notamment en région bruxelloise et consistant à faire suivre à des enfants monolingues francophones une scolarité complète en néerlandais (immersion « sauvage » sans suivi particulier). Les conclusions qu'il en tire sont mitigées. L'immersion totale donne de bons résultats au niveau de l'apprentissage de la langue seconde. Elle est moins favorable pour l'évolution en langue maternelle.

Comme il en est du langage oral, les apprentissages fondamentaux de la lecture et de l'écriture se font sans difficulté particulière en situation immersive contrôlée à quelques semaines d'intervalle dans les deux langues. Les observations comportementales sont également encourageantes. Les enfants immergés montrent généralement :

– une grande curiosité intellectuelle ;

– une motivation importante pour les apprentissages en L_2 et, *a posteriori*, pour l'apprentissage d'une troisième, voire d'une quatrième, langue ;

– un développement des affiliations linguistiques doublé d'un sentiment accru d'appartenance à un aspect représentatif de la communauté considérée (par exemple, les enfants de confession judaïque éprouvent souvent après un enseignement immersif en langue hébraïque, un sentiment accru d'appartenance culturelle et religieuse — Hart, Lapkin & Swain, 1989) ;

– une prise de conscience de la richesse ainsi que de la diversité culturelle et linguistique des sociétés ;

– un intérêt considérable pour les possibilités particulières du bilinguisme et du multilinguisme dans certains pays et ce dans une plus grande mesure que les enfants monolingues moins sensibles à ces questions ;

– une capacité supérieure d'auto-évaluation en matière de connaissances linguistiques.

Les enfants ne sont pas les seuls à bénéficier de l'immersion linguistique scolaire. La méthode immersive modifie indirectement la manière de penser de certains parents. La perspective de voir leur enfant devenir bilingue ainsi que le constat de la qualité de ses performances et de son rendement scolaire, raniment chez certains parents le désir d'acquérir ou de progresser davantage dans une seconde langue. La modification des préoccupations parentales par rapport à l'avenir de l'enfant constitue un bon indicateur de la mobilisation sous-jacente des motivations. Le monolinguisme en vient à être perçu comme un handicap.

3. L'IMMERSION LINGUISTIQUE SCOLAIRE ET D'AUTRES INITIATIVES EN BELGIQUE FRANCOPHONE

Expérimentale à la Ville de Liège à partir de 1989, puis officiellement autorisée, et enfin reconnue en 2000, l'immersion linguistique scolaire a commencé de faire son chemin en Belgique francophone. Les chiffres font état de 14 écoles autorisées au cours de l'année scolaire 2000-2001 à pratiquer ce type d'enseignement. Du réseau officiel, la méthodologie immersive tend à s'étendre au privé. De la région Liégeoise, elle a touché le Hainaut. De l'anglais langue seconde, elle concerne également à présent le néerlandais et l'allemand. Les modalités d'applications peuvent changer d'une école à l'autre en fonction des moyens disponibles. Cependant, partout, c'est une immersion partielle du type de celle qui est organisée au Lycée L. de Waha qui semble intéresser le plus les enseignants et les parents.

Il est pertinent de signaler, en dehors de cette méthodologie, nombre d'initiatives, particulièrement en région Bruxelloise, encouragées par l'Association Prolingua, et dont le but est de permettre aux jeunes enfants francophones d'être confrontés au néerlandais dès la maternelle ou les premières années du primaire. Les activés scolaires proposées dans cette langue se déroulent durant les heures de classes, pendant le temps de midi, ou après journée. Elles couvrent quelques heures par semaine, ce qui est peu mais difficile à dépasser dans ces contextes souvent officieux et où le bénévolat (enseignants ou parents néerlandophones ou versés en langue néerlandaise) joue un grand rôle. Les motivations de ces bénévoles et de Prolingua sont les mêmes que celles qui ont amené à développer les méthodologies immersives, c'est-à-dire le constat de l'échec des méthodes traditionnelles dans l'apprentissage des langues étrangères. Nous saluons ces initiatives courageuses menées le plus souvent avec peu de moyens. On ne peut se prononcer sur leur efficacité réelle faute de contrôles comparatifs et de suivis systématiques. La question principale que ces initiatives posent, à côté de la qualification des opérateurs et de la cohérence du cursus au long des années, est celle de l'intensité de l'immersion linguistique de façon à optimaliser ses résultats. Nous pensons, sur la base de nos données et des données internationales, qu'il est préférable de pratiquer une immersion partielle avec une proportion importante (au moins 50%) du temps de classe passé en langue seconde. Si cela est correct, tout ce qui n'atteint pas ce niveau risque bien d'être nettement moins efficace, ce qui ne veut pas nécessairement dire inutile.

Chapitre 7
Le bilinguisme précoce

1. LES ASPECTS LANGAGIERS DU BILINGUISME PRÉCOCE

1.1. Aperçu développemental

Contrairement à ce que pensent beaucoup de gens, le développement et l'apprentissage du langage humain commencent très tôt dans l'existence. On sait aujourd'hui que le bébé en état de veille in utero perçoit tout stimulus dépassant 50/60 décibels en intensité sonore. En conséquence, le nourrisson de quelques heures reconnaît la voix maternelle parmi d'autres voix qui lui sont proposées expérimentalement. La sensibilité auditive se développe précocement. On a montré que le nouveau-né peut faire la différence entre un grand nombre de sons des langages humains (voyelles et consonnes). Les capacités de discrimination des bébés, potentiellement universelles au départ, se réduisent aux contrastes phonétiques pertinents en langue maternelle au fil de l'exposition unilingue. Vers 12 mois, la capacité discriminative n'atteint plus que 30 % environ de son niveau initial (sauf, certes, pour ce qui est des phonèmes de la langue maternelle ou des langues maternelles en cas de bilinguisme simultané précoce) et rejoint, pour l'essentiel, celle de l'adulte au terme de la deuxième année. Il semble que ce soit particulièrement à 6 et 18 mois que s'intensifie la perte des contrastes non pertinents en langue maternelle.

Au point de vue de la production des sons (babillés, à ce stade, c'est-à-dire ne sous-tendant pas systématiquement l'expression de significations conventionnelles), les quinze premiers mois sont caractérisés par une évolution comparable à celle du volet réceptif, à savoir, une spécialisation progressive en langue maternelle. Au début, le babillage est largement indifférencié. Le bébé produit une grande variété de sons y compris des sons n'appartenant pas à sa langue maternelle. Au-delà des six premiers mois, l'exposition au langage familial commence à influencer la prosodie, le rythme, l'accentuation, les qualités de voix, le type d'attaque vocalique des productions babillées. Vers 10 mois, émerge un espace vocalique préfigurant celui du langage adulte, et dès le début de la seconde année de vie, les productions vocales enfantines reflètent pratiquement exclusivement le répertoire phonémique de la langue maternelle.

On pourrait imaginer, dans une perspective aujourd'hui encore de science-fiction, d'exposer systématiquement des bébés à deux ou trois langues dans les trois derniers mois de la période intra-utérine et pendant la première année de vie. L'idée serait de profiter de cette période de sensibilité phonétique optimale pour installer, en espérant qu'elle perdure, une réceptivité particulière à deux ou trois langues au lieu de la spécialisation progressive en la seule langue maternelle, comme c'est le cas habituellement. Il se pourrait que le bébé stimulé de la sorte développe une double ou une triple spécialisation qu'il conviendrait alors de cultiver, pour ainsi dire, pendant les années suivantes, de façon à favoriser hypothétiquement un état de bilinguisme ou de trilinguisme natif.

Une telle expérience n'a jamais été envisagée, à notre connaissance, ni, *a fortiori*, mise en pratique. Il serait intéressant d'y procéder, certes, avec toutes les précautions éthiques et méthodologiques qui s'imposent de façon à éviter toute mise en péril même minime des développements neurologique, psychologique ou linguistique des enfants.

La procédure ci-dessus pourrait être qualifiée de *bilinguisme ou multilinguisme précocissime*. Non expérimentalement, on connaît des situations naturelles de *bilinguisme ou de multilinguisme précoces*. Par là, nous entendons les situations, essentiellement familiales, où le jeune enfant est exposé à deux (ou plus de deux langues). L'enfant acquiert alors deux ou plus de deux langues «maternelles». De telles situations sont loin d'être exceptionnelles. Elles tendent à devenir plus fréquentes en raison de la mobilité et de l'accroissement des échanges dans le monde contemporain.

On conseille souvent dans ces situations de bilinguisme ou de multilinguisme simultané de placer l'enfant dans un contexte linguistique aussi clair et stable que possible, et, notamment, d'associer chaque langue à un interlocuteur et/ou un endroit, ou encore un rôle fonctionnel particulier, de façon à fournir à l'enfant des points de repère et éviter de compliquer ses apprentissages en l'obligeant à passer d'une langue à l'autre sans préavis ou stimulus discriminatif (avertisseur), pour ainsi dire. On reconnaîtra ici le principe «une personne, une langue» dont il a été question précédemment. Mais, en fait, il n'existe pas de données portant sur une variété suffisante de langues et de conditions sociales montrant que ce genre de recommandation est appliqué, ou même qu'il est applicable dans les contextes journaliers; et, dans l'affirmative, que les suggestions en question sont plus favorables par rapport à des situations correspondantes où l'enfant serait dans l'obligation de s'adapter à des changements de langue irréguliers et imprévisibles.

Les travaux disponibles sur l'acquisition parallèle de deux langues, à partir de la naissance (une centaine d'études empiriques actuellement; en augmentation ces dernières années) indiquent que cette acquisition ressemble largement au processus acquisitionnel monolingual. Dès l'âge de deux ans, et même avant, les enfants exposés à ce type de situation sont capables d'utiliser les deux langues de manière séparée. Ils sont ensuite à même de construire graduellement les deux systèmes linguistiques impliqués. Dès le stade des énoncés à deux ou trois mots (et même avant, en réalité), les enfants bilingues précoces s'expriment clairement dans l'une et l'autre langue ; celles-ci étant aussi reconnaissables et correctement pratiquées que chez l'enfant monolingue en développement normal. Il est important de souligner cette indication car le fait a parfois été mis en doute, voire franchement contredit, dans le passé, par certains auteurs sur la base de données incomplètes ou inadéquates. Certes, il existe autant de différences interindividuelles dans les rythmes d'acquisition des enfants bilingues que des enfants monolingues. Le contraire serait surprenant.

Si on envisage les diverses composantes langagières dans le développement bilingue simultané précoce, on relève les observations suivantes. Les enfants bilingues, comme les monolingues, commencent leur fonctionnement langagier conventionnel par des mots isolés et des holophrases, vers la fin de la première année de vie ou au cours de la première moitié de la seconde année. Par holophrase, on entend une expression unitaire dotée d'une signification qui est celle d'un groupe de mots ou d'une petite phrase [par exemple, *papa* prononcé en l'absence du père mais à la vue de sa console d'ordinateur, de façon à signifier quelque chose comme «C'est là que papa travaille» (lorsqu'il est à la maison) ou «Cette machine est celle de papa», etc.; la signification précise étant à trouver dans le contexte non linguistique].

Enfants bilingues et enfants monolingues utilisent d'abord des mots référant à des objets concrets, à diverses actions ou événements récurrents, et à des caractéristiques perceptuelles et fonctionnelles des objets ainsi que des personnes. Le développement phonologique dans chacune des deux langues suit le même cours chez les enfants bilingues que chez les enfants monolingues apprenant des langues correspondantes.

Il en va de même, pour l'essentiel, pour ce qui est des composantes morpho-syntaxiques et discursives, ainsi que pour l'acquisition des régulations pragmatiques qui interviennent dans les échanges sociaux sur base linguistique.

Les enfants bilingues font les mêmes erreurs de langage que les enfants monolingues et les corrigent similairement. Par exemple, les simplifications articulatoires des phonèmes plus difficiles à articuler ou à co-articuler à certains moments du développement phonologique, les sous- ou surgénéralisations lexicales à certains moments (précoces) du développement lexical (par exemple, *shoe-soulier* signifiant aussi bien les souliers que les pantoufles, les bottes, les sandales, ou encore les chaussettes). Les surrégularisations morphologiques sont observées en situations d'apprentissage bilingue comme en situations d'apprentissage monolingue (par exemple, *faiserer*, en français, pour *ferez*, ou *goed*, en anglais, pour *went*).

Les similitudes sont à ce point importantes qu'il est impossible d'établir uniquement sur la base d'un corpus de langage si l'enfant en question est monolingue ou bilingue. L'âge chronologique peut fournir une information différentielle. C'est souvent le cas (mais pas invariablement) que le même niveau de développement langagier de l'enfant bilingue dans les deux langues qu'il ou elle apprend, ou dans une seule de ces deux langues, soit atteint un peu plus tardivement (quelques mois) par rapport à la moyenne des enfants monolingues. Ce léger retard — qui peut se manifester dès le début du langage — n'a rien à voir avec ce qu'on identifie comme un vrai retard de développement dans les pathologies langagières et il s'explique facilement par la double tâche d'apprentissage qu'est celle de l'enfant bilingue. Mais, en fin de compte, ce dernier aura acquis naturellement un système linguistique supplémentaire.

Il existe, cependant, quelques autres différences entre les développements langagiers bilingue et monolingue et elles sont plutôt à l'avantage des enfants qui apprennent deux langues (ou davantage). On peut les articuler en deux points principaux. Le premier concerne l'augmentation de la prise de conscience (dimension métalangagière) chez les enfants bilingues et multilingues concernant une dimension essentielle de tout appareil linguistique, à savoir l'arbitraire du signe et des formes langagières. Le fait de parler et de comprendre deux ou plus de deux langues, place l'enfant en position favorable pour réaliser l'équivalence fondamentale des outils linguistiques dans leur diversité de surface et les solutions particulières choisies pour signifier. De même, et c'est le second avantage, très rapidement les enfants bilingues ont deux répertoires expressifs à leur disposition. Comme les adultes bilingues ou multilingues, ils cherchent, lorsque la situation de communication s'y prête, à en tirer le meilleur profit. C'est ainsi qu'on observe des énoncés mixtes (commencés dans une langue et terminés dans une autre) ou comportant des expressions plus parlantes d'une langue au sein de phrases formées dans l'autre langue. On ne doit pas confondre (comme cela a parfois été fait dans le passé) cette optimalisation expressive, qui est également le fait de l'adulte bilingue, avec les « vraies » interférences d'une langue à l'autre (rares) dans le développement bilingue (et dont il sera question plus loin).

Une étude menée par Volterra & Taeschner (1977) sur le développement langagier de jeunes enfants bilingues simultanés âgés de 1 à 4 ans fournit nombre d'informations sur la nature des productions des enfants et les différents stades par lesquels ils passent dans la maîtrise des langues en présence. On peut définir trois stades dans le développement linguistique de ces enfants. Le *premier stade* est celui de la non-différentiation des systèmes lexicaux. L'enfant possède un système lexical pour les deux langues. La plupart des mots qui y sont stockés le sont dans une des deux langues ; leurs homologues dans l'autre langue ne figurant pas dans le lexique. A ce niveau, le développement du langage de l'enfant bilingue ressemble à celui de l'enfant monolingue. On constate également que des mots des deux langues apparaissent souvent ensemble dans une même construction à 2-3 mots. Au cours du *deuxième stade*, l'enfant distingue entre deux lexiques mais il applique les mêmes règles syntaxiques aux deux langues. A partir de ce moment, il existe un correspondant dans les deux langues pour la plupart des mots stockés dans le lexique. L'enfant possède deux lexiques au sens où un même objet ou un même événement peuvent être codés au moyen de deux mots différents appartenant chacun à une des langues auxquelles l'enfant est confronté. Mais qu'est-ce qui guide le choix des mots et quels sont les facteurs qui influencent ce choix? Selon Volterra & Taeschner, c'est le contexte d'apprentissage des mots qui joue le rôle principal à ce niveau. Ils illustrent leurs propos avec les productions d'une fillette de 2 ans et demi de mère germanophone et de père italophone. L'enfant, bien que connaissant le mot en italien, utilisait préférentiellement le mot allemand «brillen» pour désigner les lunettes et ce quel que soit l'interlocuteur. Les auteurs expliquent cette utilisation par l'influence qu'exerce le contexte d'apprentissage des mots sur leur utilisation dans la vie quotidienne. Dans notre exemple, la fillette avait rencontré ce mot pour la première fois lors d'une activité de description de photos qu'elle effectuait en allemand avec sa mère. L'hypothèse, assez probable, de Volterra & Taeschner, est que l'enfant avait généralisé l'utilisation du mot «brillen» à toutes les paires de lunettes. Il semble donc que le contexte pragmatique d'apprentissage influence l'utilisation des mots. L'enfant a tendance à réutiliser les mots dans des contextes similaires à ceux de l'apprentissage. Ce n'est que lorsqu'il possède une connaissance suffisante des deux codes linguistiques que l'enfant peut mettre en œuvre des processus de généralisation et qu'il apprend à distinguer les deux systèmes lexicaux. Jusque-là, l'apprentissage des mots correspondants dans les deux langues se fait de manière séparée. Au niveau syntaxique, l'enfant n'insère plus dans une même phrase des mots issus des deux langues connues. Il identifie les mots appartenant à un même système lexical et utilise seulement ceux-là dans une même phrase. Les phrases de l'enfant sont formulées soit dans une langue, soit dans l'autre, selon la personne à laquelle il s'adresse. La flexibilité lexicale observée à ce stade chez les enfants ne se retrouve pas au niveau syntaxique. Bien que l'enfant ait acquis deux lexiques séparés, il applique les mêmes règles syntaxiques (celles de sa langue dominante) aux deux langues. Ce n'est que graduellement que l'enfant acquerra les règles syntaxiques des deux langues et apprendra à les différencier. Au cours du *troisième stade* de développement, le processus d'apprentissage bilingue est pratiquement terminé. L'enfant parle deux langues qu'il peut différencier aux niveaux lexical et syntaxique. Cependant, afin de minimiser les risques d'interférences entre les langues, il doit les garder séparées. Le moyen le plus sûr de le faire est d'associer chacune d'entre elles avec différentes personnes (principe «une personne, une langue»). Le fait d'étiqueter les personnes avec une langue rend le processus de sélection des mots et des règles syntaxiques automatique et réduit l'effort que l'enfant doit fournir. Plus les différences syntaxiques deviennent apparentes pour l'enfant et plus la tendance à étiqueter les gens en fonction de langues particulières diminue. A la fin du troisième stade, l'enfant est capable de parler les deux langues de manière fluente avec la même compétence qu'un enfant monolingue, et ce avec n'importe quel interlocuteur. C'est seulement à ce moment que l'on peut parler de bilinguisme véritable.

    Si un bilinguisme simultané précoce bien mené est favorable à l'apprentissage des langues, il ne s'ensuit nullement qu'un bilinguisme séquentiel, par exemple celui qu'il conviendrait de favoriser dans les écoles, soit moins intéressant. On insistera sur l'avantage qu'il y a à situer les apprentissages linguistiques tôt dans l'existence. Cela ne signifie pas, cependant, et il convient d'insister, que plus tard, jusqu'à y compris l'âge adulte, le potentiel individuel d'apprentissage des langues se trouverait réduit à zéro ou à peu de chose. Il n'en est rien. On peut apprendre les langues toute sa vie avec beaucoup de succès si on y met le temps et si on dispose de la motivation nécessaire. Cependant, il existe des différences avec les apprentissages effectués par les enfants. L'adulte n'utilise pas les mêmes stratégies d'apprentissage. Les siennes sont davantage conscientes et réflexives. Il compense ainsi partiellement la perte progressive de plasticité cérébrale pour les apprentissages langagiers qui est son fait inéluctable.

1.2. Les interférences entre codes linguistiques et la différentiation des langues

Il existe à l'heure actuelle une polémique sur la capacité des jeunes enfants qui acquièrent deux langues simultanément à différencier les deux codes. Certains affirment qu'initialement, les enfants sont incapables de distinguer les deux langues. C'est l'idée formulée par Genesee (1989) sous l'appellation de « système langagier unitaire » pour caractériser cette période du développement. D'autres, par contre, pensent que dès le plus jeune âge, l'enfant peut différencier les langues en présence dans son environnement proche (par exemple, Lanza, 1992). Cette divergence de vue ne concerne que l'enfant de moins de 2 ans. A partir de 20 mois environ (sinon précédemment, et en particulier à partir de l'accès au langage combinatoire), il est établi que l'enfant différencie les langues auxquelles il est exposé (De Houwer, 1990; Meisel, 1990). A ce stade, les phrases peuvent contenir des éléments lexicaux appartenant aux deux langues d'exposition. Ce phénomène est appelé « mixing » en anglais. Nous le traduirons par « mélange des codes (linguistiques) ». Il peut apparaître à deux niveaux : (1) au niveau de l'énoncé (co-occurrence d'éléments des deux langues dans un même énoncé (mixing intra-énoncés); et (2) entre deux énoncés (passage d'une langue à l'autre d'un énoncé à un autre, et ce avec le même interlocuteur (mixing inter-énoncés). Ce dernier phénomène peut déjà apparaître au cours de la période des énoncés à un seul mot. Des exemples de mélanges des codes linguistiques sont relevés jusqu'à l'âge de 3 ans chez les enfants apprenant simultanément deux langues. Ils touchent tout autant le niveau phonologique que lexical ou morpho-syntaxique.

Genesee, Nicoladis & Paradis (1995) se sont interrogés sur le statut du mélange des codes chez l'enfant de 22 à 26 mois produisant des énoncés à un ou deux mots. Le mélange est-il dû à une non-différentiation des codes ou s'agit-il d'une stratégie communicative? Les données rassemblées par ces auteurs permettent d'établir que les enfants de ces âges peuvent effectivement différencier les codes linguistiques. Ils peuvent utiliser, au moins de façon limitée, la langue appropriée avec chacun des parents et ce même si ce n'est pas leur langue dominante. Leurs bonnes performances avec des interlocuteurs étrangers à la famille attestent, en outre, que la capacité des enfants bilingues à différencier les deux langues n'est pas seulement le reflet d'une habitude langagière étroitement associée à l'expérience familiale mais bien une réponse adaptative à une modification du contexte langagier.

Si la capacité ou plutôt l'incapacité à différencier les langues en présence ne peut expliquer le mélange des codes, à quoi ce phénomène est-il dû? Goodz (1989) affirme que le double input parental en situation de bilinguisme simultané précoce est responsable du mélange des codes chez l'enfant. Les données de Genesee *et al.* (1995) vont en sens inverse. Elles suggèrent que c'est davantage le niveau langagier de l'enfant que l'input parental qui influence le mélange des codes. On observe que la proportion de mélanges à l'intérieur d'une même phrase est plus élevée lorsque les enfants utilisent la langue qui chez eux est la moins développée. Il peut s'agir d'une stratégie consciente visant à compenser le manque du mot dans cette langue en empruntant à celle qui est davantage développée (Sharwood Smith, 1994). De telles observations suggèrent que les enfants bilingues exploitent au mieux les ressources linguistiques disponibles à fin d'efficacité communicative.

2. LA CONTROVERSE AUTOUR DU BILINGUISME PRÉCOCE

Le bilinguisme précoce a fait l'objet d'une controverse alimentée dans le passé par nombre de malentendus et de naïvetés. On a dénoncé un effet négatif sur le développement, un

« encombrement du cerveau bilingue », une confusion des langues en présence, et l'apparition fréquente de retards et de troubles dans l'acquisition du langage chez les enfants bilingues précoces. De telles affirmations sont en complète contradiction avec les données modernes sur le sujet. Mais il est piquant de relever que les avis en question étaient déjà contredits par les observations de Ronjat (1913) et celles de Léopold (1939-1949); ce qui atteste une partialité dans le chef des détracteurs.

Les prétendus effets négatifs sur le développement général, et en particulier cognitif, des enfants bilingues précoces n'ont jamais été vérifiés. L'argument d'une confusion possible des codes linguistiques a été rejeté. Comme nous l'avons indiqué, les recherches sur le code-mixing montrent qu'à partir de deux ans, et peut-être plus tôt, les enfants exposés au bilinguisme établissent une distinction suffisante entre les langues en présence et qu'aucune conséquence négative n'est associée avec cette problématique développementale. Enfin, l'argument d'un possible « encombrement du cerveau » favorisé par les situations de bilinguisme précoce confine au ridicule. Le cerveau du jeune enfant en développement normal avec ses 100 milliards de neurones et sa riche infrastructure synaptique est parfaitement capable d'assimiler et d'organiser quantité d'apprentissages linguistiques et autres. Aucune prévention par une apologétique hygiénique de la moindre stimulation n'est nécessaire.

Divers arguments militent au contraire en faveur du bilinguisme précoce; au moins d'un bilinguisme précoce intervenant dans de bonnes conditions développementales et situationnelles. De toute évidence, l'accès à deux ou plusieurs langues, qu'il soit précoce ou plus tardif, potentialise les capacités communicatives des individus et peut assurer d'importants bénéfices culturels et professionnels, à condition de maintenir les acquis linguistiques dans le temps. En effet, comme on le sait, une langue non pratiquée (ou, au moins, non traitée réceptivement) tend à s'estomper en mémoire. La grande plasticité cérébrale et la facilité d'apprentissage du jeune enfant sont un autre argument en faveur du bilinguisme précoce (qu'il soit simultané ou séquentiel). Celui-ci débouche sur une expression de type native, c'est-à-dire fluide, sans «accent étranger», et par une sûreté dans le maniement des formes lexicales et morpho-syntaxiques (Deshays, 1990) qui sont la pierre d'achoppement des apprenants plus tardifs (à moins d'y consacrer de nombreuses années d'apprentissages explicites).

Le bilinguisme (notamment précoce) a également l'avantage d'accroître la sensibilité métalangagière; ce qui peut avoir des retombées favorables sur le développement culturel et l'apprentissage de la langue maternelle. Nous avons mentionné les indications de Léopold (1939, 1947 & 1949a,b) à ce sujet. S'y ajoutent celles de Meisel (1990) précédemment discutées. Les observations de Lambert & Tucker (1972) et celles de Harley, Allen, Cummins & Lapkin (1986) vont également dans le sens d'une sensibilisation des élèves enrôlés dans des programmes scolaires bilingues précoces aux propriétés formelles des langues. Plusieurs recherches menées par Bialystock (1987, 1991, 1992) révèlent également une supériorité des enfants bilingues par rapport aux monolingues dans la réalisation de certaines tâches de nature métalangagière (par exemple, repérer des mots particuliers dans des phrases, faire correspondre un mot à des référents différents, se centrer sur la forme ou sur la signification d'un mot dans un contexte distracteur).

Enfin, le bilinguisme précoce, étant précoce par définition, il laisse beaucoup de temps pour l'apprentissage de langues tierces et multiples, avec l'avantage d'une sensibilisation beaucoup plus rapide qu'en situation monolingue aux caractéristiques formelles et sémantiques particulières des langues, à l'arbitraire des formes et des structures linguistiques. Dès lors, toutes choses étant égales par ailleurs, il en résulte une facilité presque exponentiellement accrue pour acquérir des idiomes supplémentaires. Les langues étant les pierres angulaires des cultures, le multilinguisme favorise presque nécessairement l'appréciation culturelle, un élément déterminant de la tolérance internationale.

Chapitre 8
Le choix des langues

La réponse à la question « Quelle langue étrangère faut-il apprendre ? » passe par une enquête sur les langues les plus parlées en Europe et par un référendum sur les langues que les gens pensent le plus utile de connaître. Un sondage effectué par Eurobaromètre (2000) dans les pays de l'Union européenne révèle que l'anglais est la seconde langue la plus connue dans les pays non anglophones, exception faite du Luxembourg. Dans les pays anglophones, c'est le français qui est la seconde langue la plus parlée. Le tableau 1 reprend chacun des quinze pays de l'Union.

En examinant ce tableau, on constate que dans les pays où des langues régionales sont parlées, à savoir le Luxembourg, l'Espagne et l'Irlande, la langue nationale est reprise dans la liste comme langue « étrangère ». Des données sont disponibles concernant la Belgique néerlandophone. Malheureusement, nous n'avons pu obtenir le même type d'information pour la Belgique francophone. Les informations disponibles datent de 1992 (source Eurobaromètre — Le Vif-L'express) et font état de 56 % de personnes monolingues en région francophone. Vingt-trois pour-cent des belges francophones parleraient une

Tableau 1 — Les langues étrangères les plus parlées
dans les pays de l'Union Européenne.

Allemagne			**Irlande**	
Anglais	41 %		Français	12 %
Français	9 %		Autre*	9 %
Autre*	7 %		Anglais	6 %
Autriche			**Italie**	
Anglais	51 %		Anglais	28 %
Français	8 %		Français	17 %
Italien	6 %		Allemand	3 %
Belgique (néerlandophone)**			**Luxembourg**	
Anglais	42 %		Français	88 %
Français	37 %		Allemand	81 %
Allemand	15 %		Anglais	53 %
Danemark			**Pays-Bas**	
Anglais	76 %		Anglais	78 %
Allemand	50 %		Allemand	57 %
Français/Suédois	8 %		Français	14 %
Espagne			**Portugal**	
Anglais	17 %		Anglais	23 %
Espagnol	9 %		Français	18 %
Autre*	9 %		Espagnol	6 %
Finlande			**Royaume-Uni**	
Anglais	51 %		Français	9 %
Suédois	33 %		Allemand	5 %
Allemand	11 %		Anglais	3 %
France			**Suède**	
Anglais	30 %		Anglais	77 %
Espagnol	7 %		Allemand	24 %
Allemand	6 %		Danois	6 %
Grèce				
Anglais	39 %			
Français	5 %			
Allemand	3 %			

* Aucune des 11 langues officielles de l'Union Européenne, et ni le russe, ni l'arabe.
** Nous ne disposons d'aucune donnée statistique récente pour la Belgique francophone.

langue étrangère, 16 % en parleraient deux et seulement 5 % maîtriseraient plus de deux langues étrangères.

Si les indications statistiques pour les pays de l'Union européenne ont un intérêt particulier dans la problématique du choix des langues à enseigner, l'idée que se font les citoyens euro-

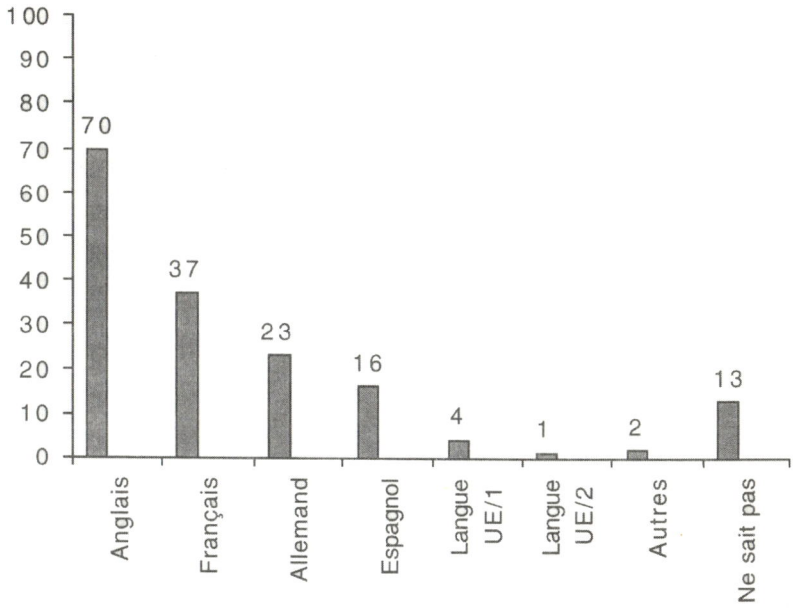

Figure 1 — Quelles langues est-il indispensable de connaître en plus de sa langue maternelle ? Jugement des citoyens européens (en pourcentages).

péens des langues qu'il est utile d'apprendre, apporte un éclairage complémentaire sur la question du choix.

A la question « Quelles sont les deux langues qu'il est le plus utile de connaître en dehors de votre langue maternelle », les Européens répondent de manière assez unanime. Septante pourcent des personnes interrogées désigne l'anglais comme la langue qu'il est le plus important de connaître. Le français, jugé comme la seconde langue la plus utile, arrive loin derrière l'anglais avec 37 % des suffrages. Vingt-trois pour cent des personnes interrogées estiment qu'il est pertinent de connaître l'allemand, et 16 % l'espagnol (castillan).

La méthode immersive que nous préconisons est neutre en regard de la langue à apprendre. Cette méthode a été et est couramment utilisée dans divers pays à l'échelle mondiale. Elle a démontré son efficacité indépendamment de la langue seconde ou tierce constituant l'objectif éducatif. En Communauté française de Belgique, l'expérience du Lycée de Waha, à Liège, s'effectue depuis une dizaine d'année en immersion français-anglais. Ce choix a été déterminé à l'issue d'une enquête effectuée initialement auprès des parents des enfants concernés. Il n'a pas été démenti depuis cette époque. D'autres établissements scolaires de la ville de Liège et de la région liégeoise ont entrepris, depuis moins longtemps, une immersion français-néerlandais au maternel avec un suivi prévu au primaire.

Il convient de placer le choix des langues étrangères proposées à l'apprentissage des enfants dans les pays de l'Union Européenne dans une perspective plus large qui est celle de la scolarité toute entière, du maternel à la fin du niveau secondaire, et même peut-être au niveau de l'enseignement supérieur universitaire et non universitaire.

La perspective ici est celle du multilinguisme. On peut recommander l'apprentissage de deux langues étrangères au cours de la scolarité obligatoire. Et ce pour chaque enfant quels que soient ses autres choix scolaires et orientations carriéristes. Il nous paraît réaliste dans le monde qui est le nôtre aujourd'hui et, au minimum, pensons-nous, pour plusieurs décennies à venir, de conseiller que l'anglais constitue impérativement l'une de ces deux langues; soit la première langue étrangère apprise en immersion pendant les années du maternel et du primaire, et entretenue ensuite pendant les années du secondaire par un fort contingentement d'anglais « langue forte »; soit la seconde langue apprise au secondaire. Les adolescents désireux d'aller au-delà du bilinguisme pourront toujours choisir des programmes scolaires ou parascolaires leur permettant d'apprendre davantage de langues étrangères. On peut prédire, toutes choses étant égales par ailleurs, que la langue étrangère faisant l'objet du programme (surtout immersif) plus précoce (soit au maternel-primaire) avec soutien fort au secondaire, sera mieux maîtrisée que la seconde langue étrangère dans la série chronologique; d'où l'importance du choix initial qu'il sera, en outre, difficile de remettre en question en cours de route faute d'hypothéquer sérieusement les résultats finaux et, en tous cas, de compliquer sérieusement le travail de l'enfant et des enseignants.

Nous pensons qu'il est raisonnable de « se restreindre » à deux langues étrangères au cours du cursus scolaire obligatoire et de pouvoir aboutir à une excellente maîtrise de ces outils linguistiques, plutôt que la situation que nous connaissons depuis longtemps où l'on peut se voir proposer dans l'enseignement secondaire deux voire trois langues étrangères quelques heures par semaine sans pouvoir assurer un niveau suffisant de compétence dans aucune de ces langues (particulièrement les 2e ou 3e langues étrangères) par manque de temps disponible et donc faute d'une intensité suffisante des apprentissages.

Le choix des langues étrangères à proposer aux apprentissages scolaires est l'affaire des pouvoirs publics et/ou des pouvoirs organisateurs. Il est évidemment souhaitable que les propositions se fassent dans la plus large concertation avec les parents, les enfants et les adolescents, et qu'en dernière analyse, ce soient ceux-ci qui aient la voix principale au chapitre. Cependant, les deniers publics n'étant pas inépuisables et leur emploi devant être parfaitement justifié, il convient de s'astreindre à un certain réalisme organisationnel.

Un tel réalisme amène, nous semble-t-il, à choisir l'anglais et une seconde langue étrangère parmi celles de l'Union Européenne, langue de proximité ou de vocation individuelle, celle-là. Qu'on le veuille ou non, l'anglais est, et restera longtemps encore, la langue internationale ; moderne *lingua franca*, dont il est avantageux de pouvoir disposer. Le latin a joué ce rôle pendant un millier d'années, le français à l'époque classique et jusqu'au renversement graduel des forces économiques intervenu avec la révolution industrielle au XIXe siècle. Ceux qui ne connaissent pas un minimum d'anglais aujourd'hui sont déjà désavantagés au plan professionnel, et le seront davantage encore demain. Il suffit pour s'en convaincre de consulter les colonnes des offres d'emploi dans les journaux (même régionaux) et les exigences ou souhaits formulés par les embaucheurs.

De façon à couper l'herbe sous le pied, pour ainsi dire, d'une éventuelle critique de mauvais aloi en ces matières, précisons que le réalisme mentionné en matière de choix des langues étrangères, et la reconnaissance du statut de *lingua franca* de l'anglais contemporain, ne signifie *nullement* que nous recommanderions ou envisagerions avec légèreté l'abandon de la langue française ou un quelconque tiédissement de la promotion du français aux plans national et international. Le réalisme multilingue et la défense du français sont deux choses distinctes (voir aussi Bombardier, 2000). Elles tendent parfois à être mélangées par certains esprits peu clairs dans les discussions contemporaines.

Chapitre 9
Le cas des enfants en retard de développement

Qu'en est-il des enfants en retard de développement langagier (retard de langage et dysphasie) et de ceux présentant un retard mental (cognitif) quant à la capacité d'apprendre une langue seconde ? Voilà une question qui nous est souvent posée, et à juste titre. Elle concerne un nombre non négligeable d'enfants puisqu'on estime l'incidence du retard mental à environ 1 % de la population et celui de la dysphasie (trouble spécifique du langage chez des enfants intellectuellement normaux) à environ 3 %.

Notre point de vue est que tout enfant en développement normal a la capacité de profiter pleinement, et dès le plus jeune âge, d'un enseignement immersif. Aucune exigence de niveau intellectuel n'est nécessaire ni souhaitable pour l'entrée ou l'admission dans un programme scolaire immersif. La méthodologie immersive n'est sur ce point non plus nullement élitiste. Il est utile de le préciser, car on a parfois suggéré que cette méthode n'était utilisable qu'avec des enfants particulièrement doués. L'expérience du Lycée de Waha, ainsi que les autres réalisations internationales de longue date, permettent de confirmer cette inscription en faux.

Mais cela veut-il dire que la méthode immersive, et même, plus généralement, l'apprentissage d'une langue seconde ou de plusieurs langues étrangères, le cas échéant, sont possibles avec des enfants présentant un problème grave de développement langagier ou un retard mental modéré ou sévère ? La question est délicate et la (les) réponse(s) difficile(s) à donner car on manque de données empiriques systématiques.

Deux remarques générales avant d'aborder l'analyse du problème posé. Il est fallacieux et peut-être dangereux de s'imaginer, comme paraissent le faire certains, que l'apprentissage d'une langue seconde ait quelque part une vertu thérapeutique. L'apprentissage d'une langue seconde, précocement ou plus tardivement, n'est pas de nature à améliorer le fonctionnement en langue première (maternelle) chez des enfants, des adolescents ou des adultes présentant une pathologie langagière ou cognitive. Rien logiquement ne vient soutenir une telle hypothèse et aucune donnée empirique contrôlée ne la corrobore. Nous parlons bien de fonctionnement langagier et non de métalangage. Comme nous l'avons indiqué, une conséquence heureuse de l'exposition bilingue ou multilingue (suffisamment intensive) est de favoriser la prise de conscience de certaines dimensions formelles des langues ainsi que la réalisation d'un certain relativisme culturel. Ainsi, la personne bénéficiant d'une expérience bilingue est directement confrontée à la notion — centrale en langage — de l'arbitraire du signe : la même signification ou une signification proche sont exprimées aussi valablement par des enveloppes lexicales et/ou morpho-syntaxiques différentes d'une langue à l'autre ; ce qui implique que les solutions linguistiques particulières sont fondamentalement équivalentes dans leur aptitude à signifier et à communiquer. Il s'agit de prises de consciences intéressantes [il suffit pour s'en convaincre de comparer un tel relativisme, ouvert et tolérant, aux certitudes confites de « ceux qui sont nés quelque part » (comme disait Brassens) concernant la supériorité « naturelle » de leur idiome national ou régional]. Ces prises de consciences sont accessibles aux personnes présentant un grave problème langagier ou cognitif. Elles peuvent motiver un intérêt supplémentaire pour les formes et les règles linguistiques.

Mais elles ne se traduisent pas automatiquement en améliorations fonctionnelles tant la distinction entre langage (fonction) et métalangage (prises de conscience et connaissances explicites) est profonde (pour une discussion approfondie, on verra Rondal, 1998).

Par ailleurs, décider *a priori* que le bilinguisme ou au moins qu'un bilinguisme partiel est inaccessible aux enfants en retard de développement cognitif et/ou langagier, sans même avoir essayé (dans de bonnes conditions) n'est pas justifiable et constituerait une discrimination de principe à l'encontre de ces enfants, discrimination aboutissant à les sur-handicaper arbitrairement compte tenu de l'importance du multilinguisme dans le monde d'aujourd'hui et plus encore de demain, à un moment où de nombreuses voix s'élèvent, à bon droit, pour que les barrières gênant l'intégration des personnes handicapées dans nos sociétés soient enfin levées.

Envisageons d'abord la question des enfants présentant un *retard mental modéré ou sévère* (pour un exposé plus détaillé, voir Rondal, 2000a).

Des d'indications anecdotiques attestent qu'un certain nombre d'enfants et d'adultes retardés mentaux peuvent disposer d'une compétence bilingue. Certaines de ces personnes sont capables de parler deux, parfois trois langues. Certains sont capables de lire et d'écrire fonctionnellement dans deux langues. Le niveau de compétence atteint varie considérablement d'un individu à l'autre. Bien entendu, le problème avec les données anecdotiques est que leur validité et leur fiabilité sont difficiles à établir. Il est, en effet, difficile de savoir ce qu'elles signifient en termes de connaissances effectives chez les individus. En conséquence, rien de général ne peut être proposé concernant les personnes retardées mentales, excepté, peut-être, rejeter l'idée selon laquelle une situation bilingue à la maison ou à l'école dépasseraient nécessairement les cacapacités des enfants retardés mentaux.

Poursuivant dans l'optique des observations anecdotiques, on peut ajouter que les enfants et les adultes retardés mentaux ayant développé un certain degré de bilinguisme ont connus diverses situations d'apprentissage. Certains ont été élevés dans un milieu familial bilingue et confrontés à deux langues depuis la naissance (bilinguisme simultané). Leurs connaissances lexicales et syntaxiques sont plus importantes dans la langue préférentiellement utilisée par la famille ; la compréhension de l'autre langue étant simplement bonne. D'autres enfants et adultes retardés mentaux ont appris une seconde langue en dehors de la maison par le fait, par exemple, de fréquenter une école dans une communauté utilisant une autre langue que la langue maternelle de l'enfant (bilinguisme séquentiel).

Il existe également des cas d'enfants trisomiques 21 nés de parents sourds profonds ayant développé une certaine fluence en anglais signé et en anglais parlé (bilinguisme simultané bimodal). Buckley (1999), qui rapporte ces faits, signale que ces enfants rencontrent des difficultés dans les aspects grammaticaux des deux langues. Notons encore qu'il est fréquent à l'heure actuelle d'utiliser certains éléments lexicaux de la langue des signes avec les jeunes enfants trisomiques 21, comme aide au développement de la communication orale. Dans ce cas, la langue des signes ne représente pas une nécessité imposée par le milieu de vie (communication avec des parents malentendants) mais bien un moyen augmentatif (pas alternatif) de communication.

Un cas dépassant de loin l'anecdote, au sens où il a fait l'objet d'analyses poussées de la part de collègues anglais (O'Connor & Hermelin, 1991 ; Smith & Tsimpli, 1995), est celui de Christopher, un adulte handicapé mental léger (hydrocéphalie mineure) avec suspicion d'autisme. Christopher était âgé de 15 à 30 ans pendant la période où il a été étudié par les auteurs mentionnés. Christopher possède des compétences en anglais qui le situent dans les limites de la normale. Il peut également détecter des erreurs grammaticales (jugements de grammaticalité). De manière surprenante, il possède un bon niveau de traduction en anglais de 13 langues : Français, Espagnol, Italien, Allemand, Danois, Néerlandais, Finnois, Russe, Grec, Hindi, Norvégien, Polonais et Gallois. Christopher présente un problème de coordination motrice relevant de l'apraxie. Il a également un déficit mineur de parole. Aux environs de 3 ans, Christopher a commencé à montrer une fascination pour la lecture qui ne le quittera pas. Son intérêt pour les langues étrangères est apparu vers 6-7 ans. Les capacités lexicales de Christopher dans les langues auxquelles il a été exposé directement sont impressionnantes. Au Peabody Picture Vocabulary Test (Test de Dénomination Lexicale), il obtient des scores de 121 en Anglais, 114 en Allemand, 110 en Français et 89 en Espagnol (la moyenne pour la population normale étant de 100 — déviation standard 15). Pour d'autres langues, ses connaissances lexicales sont moins importantes. L'analyse des capacités de Christopher permet d'établir la hiérarchie suivante dans sa maîtrise des différents aspects langagiers : lexique — morphologie inflexionnelle — syntaxe. Ses points forts sont l'apprentissage de nouveaux mots dans une langue étrangère et l'extraction de paradigmes morphologiques de manière à rendre compte des variantes inflexionnelles de ces mots. La syntaxe est souvent moins appropriée que le lexique. On relève des erreurs dans ses traductions de phrases et de paragraphes. Plus précisément, il surimpose les caractéristiques syntaxiques de l'anglais aux autres langues. Il est réfractaire aux phrases dont l'ordre des mots ne correspond pas à la structure séquentielle dominante en anglais, soit SVO (sujet-verbe-objet). Il y a de bonnes raisons de supposer que les capacités langières de Christopher sont avant tout lexicales et que plus on s'éloigne du lexique le long du continuum indiqué, moins il est compétent.

Une question pertinente par rapport à la capacité d'apprentissage d'une langue étrangère par des enfants retardés mentaux est celle de l'acquisition de la langue maternelle. Une abondante littérature existe sur l'acquisition de la langue maternelle par les enfants et les adolescents retardés mentaux (on verra Rondal & Edwards, 1997, pour une revue et une analyse systématique). Il en ressort que ces enfants, outre leurs difficultés cognitives, et en bonne partie à cause d'elles, présentent d'importants retards et problèmes langagiers. Ces derniers affectent toutes les composantes langagières (articulation, lexique, sémantique, morpho-syntaxe, pragmatique et organisation discursive), à des degrés divers selon les syndromes particuliers impliqués (*cf.* Rondal & Edwards, 1997, et Rondal, 2000b, pour des informations complémentaires à ce sujet) et avec de sensibles différences d'un individu à l'autre [comme on vient de le voir avec Christopher; mais il existe d'autres cas d'évolution langagière monolingue extrêmement favorable, par exemple, le cas de Françoise, une personne porteuse d'une trisomie 21, étudiée par Rondal (1995)].

En fonction de ce qui précède, on peut supposer que l'apprentissage d'une seconde langue, s'il est possible chez les enfants présentant un retard mental, rencontrera les mêmes difficultés que celles observées dans l'acquisition de la langue maternelle. Les connaissances concernant l'acquisition et le développement de cette dernière devront être mises à la disposition des enseignants impliqués dans des activités d'apprentissage d'une langue étrangères avec des enfants retardés mentaux. La création de programmes expérimentaux bilingues à destination des personnes retardées mentales doit être encouragée. Les écoles spéciales sont les endroits privilégiés où ce type de recherche-action et d'innovation pédagogique peuvent facilement prendre place. A l'heure actuelle, de telles réalisations sont encore, à notre connaissance, virtuellement inexistantes.

Une revue de la mince littérature pédagogique sur le sujet nous a amené à prendre connaissance d'une étude menée à Kiev (Ukraine) (Vavina & Kovalchuk, 1986). La majorité des enfants retardés mentaux étudiés (296 garçons et filles ukrainiens) ont une perception correcte de la parole, comprennent le sens des répliques conversationnelles, construisent des phrases correctes, et sont capables de participer à une conversation de base en ukrainien et en russe. Cependant, aucune précision quant à l'âge des enfants, le degré de retard mental, et le type de méthode pédagogique utilisée n'est fournie. Il existe un début de littérature, principalement en provenance des Etats-Unis, sur une éducation spéciale bilingue ou multilingue (voir, par exemple, Deutsch Smith & Luckasson, 1995). Le but est d'augmenter la conscience des enseignants et des administrations scolaires concernant les besoins culturels et langagiers spécifiques des enfants retardés mentaux américains non anglophones dans les écoles publiques. Dans cette littérature, on insiste sur la nécessité pour les enseignants et les écoles d'exploiter davantage la « stratégie de médiation ». Afin d'être efficace avec des enfants retardés mentaux ne possédant que des connaissances limitées en anglais (la situation est identique pour les élèves non retardés mentaux), on suggère : (1) d'utiliser à la fois l'anglais et la langue maternelle des enfants; (2) d'intégrer l'anglais dans l'enseignement des matières à contenus non linguistiques; (3) d'utiliser des informations issues des cultures d'origine des élèves afin de favoriser l'instruction. Ces recommandations sont frappées du sceau du bon sens. Cependant, elles n'ont aucune chance d'aboutir si elles ne sont pas soutenues par une formation approfondie des enseignants et par des recherches visant à définir les besoins langagiers spécifiques des élèves retardés mentaux fréquentant l'enseignement spécial ou intégrés dans des classes d'enseignement ordinaire.

Nous basant sur les connaissances actuelles en matière d'apprentissages langagiers par les enfants retardés mentaux, que pouvons-nous recommander afin de favoriser l'acquisition, même partielle et incomplète, d'une seconde langue par ces enfants ? Quatre suggestions peuvent être faites :

1. L'exposition et/ou l'apprentissage systématique d'une seconde langue chez les enfants retardés mentaux, via des programmes d'immersion par exemple, doit sans doute être retardée de quelques années. Nombre de programmes d'immersion destinés aux enfants non retardés mentaux ne commencent qu'aux alentours de 4 ans. On considère qu'à cet âge, l'enfant

en développement normal maîtrise suffisamment sa langue maternelle (tant au niveau productif que réceptif) pour être exposé à l'apprentissage systématique d'une langue étrangère. Si on adapte ce principe au retard mental modéré, on ne peut espérer faire apprendre une langue étrangère avec succès avant l'âge de 6-7 ans. Notons que nous parlons ici de l'apprentissage systématique d'une seconde langue, et non d'une exposition occasionnelle ou limitée fonctionnellement. Il est conseillable de limiter l'exposition à la langue seconde tant que des bases solides en langue maternelle ne sont pas établies. Et nous savons que la maîtrise des aspects fondamentaux de la langue maternelle est plus lente chez les enfants retardés mentaux que chez les enfants normaux. Agir d'une autre manière pourrait aboutir à mettre en péril l'acquisition déjà habituellement laborieuse de la langue maternelle chez le jeune enfant retardé mental.

2. Dans les contextes familiaux bilingues « inévitables », il faut essayer, autant que possible, de limiter l'exposition au double input linguistique pendant un certain nombre d'années, et, peut-être, sélectionner une langue préférentielle faisant office de langue maternelle (tout en n'excluant pas, bien sûr, l'autre langue). Il serait cruel, et ce n'est nullement notre intention, d'empêcher des parents ou des grands-parents de s'adresser dans leur langue à leurs enfants ou petits-enfants. Une fois la langue sélectionnée suffisamment maîtrisée, la seconde langue pourra être envisagée avec un minimum de risque pour le développement de la première langue.

3. Bien entendu, l'apprentissage d'une seconde langue (plus encore, peut-être, que celui de la langue maternelle) sera orienté fonctionnellement avec les enfants retardés mentaux modérés.

4. Chez les personnes retardées mentales, l'apprentissage d'une seconde langue se fera naturellement sur une plus longue période de temps que chez les personnes non retardées mentales. Les résultats ne seront jamais équivalents à ceux obtenus par des personnes non retardées. Au-delà de l'enfance,

et en extrapolant toujours à partir de nos connaissances sur le développement de la langue maternelle, le rapport « coût/bénéfice » dans les apprentissages sera moins favorable pour certains aspects du langage (particulièrement l'articulation, la discrimination phonémique et la morpho-syntaxe). Cependant, d'importants bénéfices pourront encore être obtenus au niveau des aspects lexicaux et pragmatiques.

Le problème de l'exposition bilingue chez *les enfants dysphasiques et en important retard de développement langagier* n'est pas fondamentalement différent de celui des enfants présentant un retard mental. Il n'y a aucune raison sérieuse de ne pas chercher à favoriser chez les premiers également l'apprentissage d'une seconde langue. Toutefois, ce type d'apprentissage ne permettra pas en soi de résoudre les difficultés langagières (surtout phonologiques et/ou morpho-syntaxiques) de ces enfants (*cf.* Le Normand, 1999, pour une analyse). Des difficultés comparables apparaîtront en langue maternelle et en langue seconde. Mais si on peut les réduire en langue première, comme c'est le cas au moyen d'une intervention logopédique (orthophonique) appropriée, il n'y a pas de raison de penser qu'on ne puisse alléger les difficultés correspondantes en langue seconde.

On évitera, selon notre conseil, d'exposer les enfants en retard de développement langagier à un apprentissage bilingue trop systématique au cours des premières années. Plus tard, lorsque les acquisitions de base en langue maternelle seront stabilisées, un apprentissage bilingue systématique pourra être envisagé avec les précautions d'usage. Comme pour les enfants retardés mentaux, nous serions beaucoup plus à l'aise dans nos recommandations, si nous pouvions disposer d'une base empirique issue d'un solide corpus de recherches sur les réalités développementales, les capacités et les difficultés particulières en cause.

Conclusion

Au terme de cette excursion dans la problématique de l'apprentissage des langues étrangères, il est pertinent de rappeler la position générale qui nous a motivé à entreprendre la présente écriture, non seulement parce qu'elle nous importe, mais surtout parce qu'elle est, nous en sommes intimement persuadés, de nature à faire avancer singulièrement les choses en matière de multilinguisme après des décennies de surplace. L'enjeu est capital. Il y va de la mobilité, et donc de l'emploi, pour les générations futures, et à terme de l'intégration culturelle européenne (et mondiale) dans le respect et l'appréciation du patrimoine linguistique des autres pays.

Nous avons regretté la timidité de nos pouvoirs publics (c'est peu dire) en ces matières. Nous continuons à penser qu'ils sont loin d'effectuer un travail suffisant et satisfaisant au point de vue de l'urgente nécessité de généraliser un enseignement efficace des langues secondes et tierces dans nos pays.

Toutes les indications que nous avons recensées tendent vers les mêmes conclusions. La précocité associée au caractère systématique et prolongé de l'entraînement langagier est une condition nécessaire du succès. L'implication est claire. Il faut commencer à la maternelle (laissant de côté les situations de bilinguisme simultané précoce — intéressantes, mais évidemment non généralisables). Outre la précocité, on y dispose de davantage de temps à consacrer à des apprentissages langagiers que plus tard dans le curriculum scolaire (les programmes se chargeant considérablement — trop, mais c'est un autre problème — à partir de l'entrée en scolarité primaire). Pour cette même raison, un des intérêts de la méthode immersive, outre son efficacité, est qu'elle permet de gagner beaucoup de temps tout en garantissant une exposition et une pratique linguistique intensive, sans charger additionnellement les programmes scolaires, puisque pour une partie importante du temps de classe, la langue d'enseignement est précisément la langue étrangère à apprendre.

Nous savons que l'apprentissage d'une langue est une affaire complexe qui demande du temps, de l'énergie et de la patience. On ne peut maîtriser en quelques dizaines d'heures ce qui a pris à un peuple des centaines d'années pour se former et qui demande normalement une dizaine d'années d'ontogenèse monolinguale. C'est pourquoi il est essentiel de généraliser la méthode immersive, particulièrement adaptée, à la fois au caractère nécessairement intensif d'un apprentissage bilingue efficace, et à l'évidente obligation d'assurer d'autres apprentissages que linguistiques durant la scolarité primaire.

Références bibliographiques

Albert, M. & Obler, L. (Eds) (1978). *The bilingual brain*. New York : Academic Press.

Bain, B.C. (1974). «Bilingualism and cognition : Towards a general theory». In S. Carey (Ed.), *Bilingualism, biculturalism and education*. Communication to a Conference at the University College Saint-Jean, Edmonton, Alberta. Edmonton, Alberta : The University of Alberta, Department of Psychology (non publié).

Bialystock, E. (1987). «Words as things : Development in infant bilingualism». In G. Keller, R. Teschner & S. Vira (Eds), *Bilingualism in the bicentennial and beyond* (p. 86-95). New York : Bilingual Press.

Bialystock, E. (1991). «Metalinguistic dimensions of bilingual language proficiency». In E. Bialystock (Ed.), *Language processing in bilingual children* (p. 113-140). Cambridge, UK : Cambridge University Press.

Bialystock, E. (1992). «Selective attention in cognitive processing : The bilingual edge». In R.J. Harris (Ed.), *Cognitive processing in bilinguals* (p. 501-513). Amsterdam : North Holland.

Bombardier, D. (2000). *Lettre ouverte aux Français qui se croient le nombril du monde*. Paris : Albin Michel.

Buckley, S. (1999). «Bilingual children with Down's syndrome». *Down syndrome : News and update*, *1*, 29-30.

Center for Applied Linguistics (1993). *Total and partial immersion language programs in US elementary schools*. Washington, DC (non publié).

Chantraine, Y., Joanette, Y. & Cardebat, D. (1998). «Impairments of discourse-level representations and processes». In B. Stemmer & H. Whitaker (Eds), *Handbook of neurolinguistics* (p. 262-275). New York : Academic.

Comblain, A. & Rondal, J.A. (1990). *Expérience d'enseignement précoce d'une langue seconde au Lycée L. de Waha, au cours de l'année scolaire 1989-1990*. Liège : Université de Liège, Laboratoire de Psycholinguistique (non publié).

Comblain, A. & Rondal, J.A. (1991). *Evaluation psycholinguistique d'enfants de maternelle et de 1re année primaire recevant un enseignement de type immersif en anglais.* Liège : Université de Liège, Laboratoire de Psycholinguistique (non publié).

Comblain, A. & Rondal, J.A. (1993). «L'apprentissage des langues étrangères par la méthode immersive». *Rééducation Orthophonique, 31*, 151-173.

Comeau, L., Cormier, P., Grandmaison, E. & Lacroix, D. (1999). «A longitudinal study of phonological processing skills in children learning to read in a second language». *Journal of Educational Psychology, 91* (1), 29-43.

Commissioner of Official Languages (1995). *Annual report 1994.* Ottawa, Canada : Ministry of Supply and Services.

Cummins, J. (1981). «The role of primary language development in promoting educational success for language minority students». In California State Department of Education (Ed.), *Schooling and language minority students : A theorical framework* (p. 3-49). Los Angeles : California State University, Evaluation, Dissemination and Assessment Center.

Cunningham, T.H. & Graham, C.R. (2000). «Increasing native English vocabulary recognition through Spanish immersion : cognate tranfer from foreign to first language». *Journal of Educational Psychology, 92* (1), 37-49.

De Houwer, A. (1990). *The acquisition of two languages from birth : A case study.* Cambridge, UK : Cambridge University Press.

Deshays, E. (1990). *L'enfant bilingue.* Paris : Laffont.

Deutsch Smith, D. & Luckasson, R. (1995). «Multicultural and bilingual special education». In *Introduction to special education* (p. 39-77). Boston, MA : Alyn and Bacon.

Döpke, S. (1992). *One parent, one language : An interactional approach.* Amsterdam : Benjamins.

Doyle, A., Champagne, M. & Segalowitz, N. (1978). «Some issues on the assessment of linguistic consequences of early bilingualism». In M. Paradis (Ed.), *Aspects of bilingualism* (p. 13-20). Columbia, SC : Hornbeam.

Dunn, L., Dunn, M., Whetton, C. & Pintilie, D. (1982). *British Picture Vocabulary Scale.* Windsor, UK : Nelson.

Eurobaromètre 52 (avril 2000). Communautés Européennes.

Fabbro, F. (1999). *The neurolinguistics of bilingualism.* Hove, UK : Psychology Press.

Fantini, A. (1985). *Language acquisition in a bilingual child : A sociolinguistic perspective.* San Diego, CA : College Hill Press.

Freud, S. (1891). *Zür Auffasung der Aphasien. Eine kritische Studie.* Leipzig : Deutiche.

Genesee, F. (1989). «Early bilingual language development : One language or two?». *Journal of Child Language, 22,* 611-631.

Genesee, F., Nicoladis, E. & Paradis, J. (1995). Language differentiation in early bilingual development. *Journal of Child Language, 22,* 611-631.

Goodz, N. (1989). «Parental mixing in bilingual families». *Infant Mental Health Journal, 10,* 1-44.

Groux, D. (1996). *L'enseignement précoce des langues : des enjeux à la pratique.* Paris : Chroniques Sociales.

Hakuta, K. (1986). *Mirror of language : The debate on bilingualism.* New York : Basic Books.

Harding, E. & Riley, P. (1986). *The bilingual family : A handbook for parents.* Cambridge, UK : Cambridge University Press.

Hollos, M. (1977). «Comprehension and use of social rules in pronoun selection by Hungarian children». In S. Ervin-Tripp & C. Mitchell-Kernan (Eds), *Child discourse* (p. 211-223). New York : Academic.

Kielhöfer, B. & Jonkeit, S. (1983). *Zweisprachige Kinderziehung.* Tübingen : Stauffenberg.

Klein, D., Zatorre, R., Milner, B., Meyer, E. & Evans, A. (1995). «The neural substrates of bilingual language processing : Evidence from positron emission tomography». In M. Paradis (Ed.), *Aspects of bilingual aphasia* (p. 23-36). London : Pergamon.

Lambert, W.E. (1977). «The effects of bilingualism on the individual : Cognitive and sociocultural consequences». In P. Hornby (Ed.), *Bilingualism : Psychological, social, and educational implications* (p. 15-27). New York : Academic Press.

Lambert, W.E. & Tucker, G.R. (1972). *The bilingual education of children : The St. Lambert Experiment.* Rowley, Mass. : Newbury House.

Lambert, W.E., Giles, H. & Picard, O. (1974). *Language attitudes in a rural city of northern Maine.* Montréal : McGill university, Department of Psychology (non publié).

Lanza, E. (1992). «Can bilingual two-years-olds code-switch?». *Journal of Child Language,* 19, 633-658.

Lapkin, S. & Swain, M. (1989). *French Immersion Research Agenda for the 90s.* Toronto : Ontario Institute for Studies in Education (non publié).

Le Normand, M.-T. (1999). «Retards de langage et dysphasies». In J.A. Rondal & X. Seron (Eds), *Troubles du langage. Bases théoriques, diagnostic et rééducation* (p. 727-747). Hayen (Sprimont) : Mardaga.

Leopold, W. (1939). *Speech development of a bilingual child : A linguist's record : Vol. I. Vocabulary grouwth in the first two years.* Evanston, IL : NorthWestern University Press.

Leopold, W. (1947). *Speech development of a bilingual child : A linguist's record : Vol. II. Sound learning in the first two years.* Evanston, IL : NorthWestern University Press.

Leopold, W. (1949a). *Speech development of a bilingual child : A linguist's record : Vol. III. Grammar and general problems.* Evanston, IL : North Western University Press.

Leopold, W. (1949b). *Speech development of a bilingual child : A linguist's record : Vol. IV. Diary from age 2.* Evanston, IL : NorthWestern University Press.

Le Vif-L'Express (juin 1998). Dossier : Les Langues, comment mieux les apprendre.

Lietti, A. (1994). *Pour une éducation bilingue.* Paris : Odile Jacob.

Livre blanc sur l'éducation et la formation. Enseigner et apprendre, vers une société cognitive. Communauté Française de Belgique.

McLaughlin, B. (1984). *Second language acquisition in childhood*. Hillsdale, NJ : Lawrence Erlbaum.

Meisel, J. (1990). «Grammatical development in the simultaneous acquisition of two first languages». In J. Meisel (Ed.), *Two first languages : Early grammatical development in bilingual children* (p. 55-22). Dordrecht, Pays-Bas : Foris.

Meisel, J. (1995). «Code-switching in young bilingual children : The acquisition of grammatical constraints». *Studies in Second Language acquisition, 16*, 413-439.

O'Connor, N. & Hermelin, B. (1991). «A specific linguistic ability». *American Journal on Mental Retardation, 95*, 673-680.

Ojemann, G. (1983). «Brain organization for language from the perspective of electrical stimulation mapping». *The Behavioral and Brain Sciences, 6*, 189-230.

Ojemann, G. & Whitaker, H. (1978). «The bilingual brain». *Archives of Neurology, 35*, 409-412.

Padilla, A.M. & Lindholm, K. (1984). «Child bilingualism : The same old issues revisited». In J.L. Martinez & R.H. Mendoza (Eds), *Chicano psychology* (p. 369-408). Orlando, FL : Academic Press.

Paradis, M. (1998). «Language and communication in multilinguals». In B. Stemmer & H. Whitaker (Eds), *Handbook of neurolinguistics* (p. 418-431). New York : Academic Press.

Paradis, M. (Ed.) (1995). *Aspects of bilingual aphasia*. New York : Pergamon.

Pitres, A. (1895). «Etude sur l'aphasie chez les polyglottes». *Revue de Médecine, 15*, 873-899.

Romaine, S. (1984). *The language of children and adolescents : The acquisition of communicative competence*. Oxford, UK : Blackwell.

Romaine, S. (1995). *Bilingualism*. Oxford, UK : Blackwell.

Romaine, S. (1999). «Bilingual language development». In M. Barrett (Ed.), *The development of language* (p. 251-275). Hove, UK : Psychology Press.

Rondal, J.A. (1995). *Exceptional language development in Down syndrome. Implications for the cognition-language relationship*. New York : Cambridge University Press.

Rondal, J.A. (1998). *L'évaluation du langage*. Hayen (Sprimont) : Mardaga.

Rondal, J.A. (2000a). «Bilingualism in mental retardation. Prospective views». *Saggi di Neurologia, 16*, 51-57.

Rondal, J.A. (2000b, septembre). *Language in mental retardation. Neurogenetic variation in individual and syndromic differences*. Keynote presentation at the Third European Symposium on «Research and Theory in Mental Retardation», Genève.

Rondal, J.A. & Edwards, S. (1997). *Language in mental retardation*. London : Whurr.

Rondal, J.A., Esperet, E., Gombert, J.E., Thibaut, J.-P. & Comblain, A. (1999). «Développement du langage oral». In J.A. Rondal & X. Seron (Eds), *Troubles du langage. Bases théoriques, diagnostic et rééducation* (p. 107-178). Hayen (Sprimont) : Mardaga.

Ronjat, J. (1913). *Le développement du langage observé chez un enfant bilingue.* Paris : Champion.

Scoresby-Jackson, R. (1867). «A case of aphasia with right hemiplegia». *Edinburgh Medical Journal, 12*, 696-706.

Smith, N. & Tsimpli, I. (1995). *The mind of a savant. Language learning and modularity.* Oxford, UK : Blackwell.

Swain, M. (1972). *Bilingualism as a first language.* Doctoral dissertation, University of California, Irvine (non publié).

Tarone, E. & Swain, M. (1995). «A sociolinguistic perspective on second language use in immersion classrooms». *The Modern Language Journal, 79,* 166-178.

Vavina, L. & Kovalchuk, V. (1986). «Characteristics of dialogic communication of mentally retarded schoolchildren under the conditions of Ukrainian-Russian bilingualism». *Defektologia, 4,* 9-14.

Volterra, V. & Taeschner, T. (1977). «The acquisition and development of language bilingual children». *Journal of Child Language, 5,* 311-326.

Wronowski, J. (2000). *Le bilinguisme précoce en milieu scolaire : Impact de l'apprentissage de l'allemand sur la maîtrise du français.* Mémoire de licence en Logopédie, Université de Liège (non publié).

Wuillemin, D. & Richardson, B. (1994a). «Right-hemisphere involvement in processing later-learned languages in multilinguals». *Brain and Language, 46,* 620-636.

Table des matières

Préface 7

Introduction 9

Chapitre 1
Etre multilingue aujourd'hui 15

Chapitre 2
Apprendre une première langue 27

Chapitre 3
Le cerveau langagier 63

Chapitre 4
Apprendre une seconde langue 71

Chapitre 5
L'échec des méthodes traditionnelles 81

Chapitre 6
La méthode immersive 85

Chapitre 7
Le bilinguisme précoce 99

Chapitre 8
Le choix des langues 111

Chapitre 9
Le cas des enfants en retard de développement....................... 117

Conclusion 127

Références bibliographiques.. 129

Imprimé en Belgique par Pierre Mardaga, Liège.

CHEZ LE MÊME ÉDITEUR

PSYCHOLOGIE ET SCIENCES HUMAINES
collection publiée sous la direction de MARC RICHELLE

1 Dr Paul Chauchard : LA MAITRISE DE SOI. 9ᵉ éd.
7 Paul-A. Osterrieth : FAIRE DES ADULTES. 21ᵉ éd.
9 Daniel Widlöcher : L'INTERPRETATION DES DESSINS D'ENFANTS. 13ᵉ éd.
11 Berthe Reymond-Rivier : LE DEVELOPPEMENT SOCIAL DE L'ENFANT ET DE L'ADOLESCENT. 13ᵉ éd.
22 H.T. Klinkhamer-Steketée : PSYCHOTHERAPIE PAR LE JEU. 4ᵉ éd.
24 Marc Richelle : POURQUOI LES PSYCHOLOGUES? 6ᵉ éd.
25 Lucien Israel : LE MEDECIN FACE AU MALADE. 5ᵉ éd.
26 Francine Robaye-Geelen : L'ENFANT AU CERVEAU BLESSE. 2ᵉ éd.
27 B.F. Skinner : LA REVOLUTION SCIENTIFIQUE DE L'ENSEIGNEMENT. 3ᵉ éd.
29 J.C. Ruwet : ETHOLOGIE : BIOLOGIE DU COMPORTEMENT. 3ᵉ éd.
38 B.-F. Skinner : L'ANALYSE EXPERIMENTALE DU COMPORTEMENT. 2ᵉ éd.
40 R. Droz et M. Rahmy : LIRE PIAGET. 7ᵉ éd.
42 Denis Szabo, Denis Gagné, Alice Parizeau : L'ADOLESCENT ET LA SOCIETE. 2ᵉ éd.
43 Pierre Oléron : LANGAGE ET DEVELOPPEMENT MENTAL. 2ᵉ éd.
45 Gertrud L. Wyatt : LA RELATION MERE-ENFANT ET L'ACQUISITION DU LANGAGE. 2ᵉ éd.
49 T. Ayllon et N. Azrin : TRAITEMENT COMPORTEMENTAL EN INSTITUTION PSYCHIATRIQUE
52 G. Kellens : BANQUEROUTE ET BANQUEROUTIERS
55 Alain Lieury : LA MEMOIRE
58 Jean-Marie Paisse : L'UNIVERS SYMBOLIQUE DE L'ENFANT ARRIERE MENTAL
59 Jacques Van Rillaer : L'AGRESSIVITE HUMAINE
61 Jérôme Kagan : COMPRENDRE L'ENFANT
62 Michel S. Gazzaniga : LE CERVEAU DEDOUBLE
64 X. Seron, J.L. Lambert, M. Van der Linden : LA MODIFICATION DU COMPORTEMENT
65 W. Huber : INTRODUCTION A LA PSYCHOLOGIE DE LA PERSONNALITE. 7ᵉ éd.
66 Emile Meurice : PSYCHIATRIE ET VIE SOCIALE
67 J. Château, H. Gratiot-Alphandéry, R. Doron et P. Cazayus : LES GRANDES PSYCHOLOGIES MODERNES
68 P. Sifnéos : PSYCHOTHERAPIE BREVE ET CRISE EMOTIONNELLE
69 Marc Richelle : B.F. SKINNER OU LE PERIL BEHAVIORISTE
70 J.P. Bronckart : THEORIES DU LANGAGE
71 Anika Lemaire : JACQUES LACAN. 8ᵉ éd. revue et augmentée.
72 J.L. Lambert : INTRODUCTION A L'ARRIERATION MENTALE
73 T.G.R. Bower : DEVELOPPEMENT PSYCHOLOGIQUE DE LA PREMIERE ENFANCE. 4ᵉ éd.
74 J. Rondal : LANGAGE ET EDUCATION
75 Sheila Kitzinger : PREPARER A L'ACCOUCHEMENT
76 Ovide Fontaine : INTRODUCTION AUX THERAPIES COMPORTEMENTALES
77 Jacques-Philippe Leyens : PSYCHOLOGIE SOCIALE. nouvelle édition 1997
78 Jean Rondal : VOTRE ENFANT APPREND A PARLER 3ᵉ éd.
79 Michel Legrand : LE TEST DE SZONDI
80 H.J. Eysenck : LA NEVROSE ET VOUS
81 Albert Demaret : ETHOLOGIE ET PSYCHIATRIE
82 Jean-Luc Lambert et Jean A. Rondal : LE MONGOLISME. 4ᵉ éd.
83 Albert Bandura : L'APPRENTISSAGE SOCIAL
84 Xavier Seron : APHASIE ET NEUROPSYCHOLOGIE
85 Roger Rondeau : LES GROUPES EN CRISE?

86 J. Danset-Léger : L'ENFANT ET LES IMAGES DE LA LITTERATURE ENFANTINE
87 Herbert S. Terrace : NIM. UN CHIMPANZE QUI A APPRIS LE LANGAGE GESTUEL
88 Roger Gilbert : BON POUR ENSEIGNER?
89 Wing, Cooper et Sartorius : GUIDE POUR UN EXAMEN PSYCHIATRIQUE
90 Jean Costermans : PSYCHOLOGIE DU LANGAGE
91 Françoise Macar : LE TEMPS, PERSPECTIVES PSYCHOPHYSIOLOGIQUES
92 Jacques Van Rillaer : LES ILLUSIONS DE LA PSYCHANALYSE. 4e éd.
93 Alain Lieury : LES PROCEDES MNEMOTECHNIQUES
94 Georges Thinès : PHENOMENOLOGIE ET SCIENCE DU COMPORTEMENT
95 Rudolph Schaffer : COMPORTEMENT MATERNEL
96 Daniel Stern : MERE ET ENFANT, LES PREMIERES RELATIONS. 3e éd.
97 R. Kempe & C. Kempe : L'ENFANCE TORTUREE
98 Jean-Luc Lambert : ENSEIGNEMENT SPECIAL ET HANDICAP MENTAL
99 Jean Morval : INTRODUCTION A LA PSYCHOLOGIE DE L'ENVIRONNEMENT
100 Pierre Oleron et al. : SAVOIRS ET SAVOIR-FAIRE PSYCHOLOGIQUES CHEZ L'ENFANT
101 Bernard I. Murstein : STYLES DE VIE INTIME
102 Rondal/Lambert/Chipman : PSYCHOLINGUISTIQUE ET HANDICAP MENTAL
103 Brédart/Rondal : L'ANALYSE DU LANGAGE CHEZ L'ENFANT. 2e éd.
104 David Malan : PSYCHODYNAMIQUE ET PSYCHOTHERAPIE INDIVIDUELLE
105 Philippe Muller : WAGNER PAR SES REVES
106 John Eccles : LE MYSTERE HUMAIN
107 Xavier Seron : REEDUQUER LE CERVEAU
108 Moreau/Richelle : L'ACQUISITION DU LANGAGE. 5e éd.
109 Georges Nizard : ANALYSE TRANSACTIONNELLE ET SOIN INFIRMIER
110 Howard Gardner : GRIBOUILLAGES ET DESSINS D'ENFANTS, LEUR SIGNIFICATION. 3e éd.
111 Wilson/Otto : LA FEMME MODERNE ET L'ALCOOL
112 Edwards : DESSINER GRACE AU CERVEAU DROIT. 9e éd.
113 Rondal : L'INTERACTION ADULTE-ENFANT
114 Blancheteau : L'APPRENTISSAGE CHEZ L'ANIMAL
115 Boutin : FORMATION ET DEVELOPPEMENTS
116 Húsen : L'ECOLE EN QUESTION
117 Ferrero/Besse : L'ENFANT ET SES COMPLEXES
118 R. Bruyer : LE VISAGE ET L'EXPRESSION FACIALE
119 J.P. Leyens : SOMMES-NOUS TOUS DES PSYCHOLOGUES?
120 J. Château : L'INTELLIGENCE OU LES INTELLIGENCES?
121 M. Claes : L'EXPERIENCE ADOLESCENTE
122 J. Hayes et P. Nutman : COMPRENDRE LES CHOMEURS
123 S. Sturdivant : LES FEMMES ET LA PSYCHOTHERAPIE
124 A. Pomerleau et G. Malcuit : L'ENFANT ET SON ENVIRONNEMENT
125 A. Van Hout et X. Seron : L'APHASIE DE L'ENFANT
126 A. Vergote : RELIGION, FOI, INCROYANCE
127 Sivadon/Fernandez-Zoïla : TEMPS DE TRAVAIL, TEMPS DE VIVRE
128 Born : JEUNES DEVIANTS OU DELINQUANTS JUVENILES?
129 Hamers/Blanc : BILINGUALITE ET BILINGUISME
130 Legrand : PSYCHANALYSE, SCIENCE, SOCIETE
131 Le Camus : PRATIQUES PSYCHOMOTRICES
132 Lars Fredén : ASPECTS PSYCHOSOCIAUX DE LA DEPRESSION
133 Mount : LA FAMILLE SUBVERSIVE
134 Magerotte : MANUEL D'EDUCATION COMPORTEMENTALE CLINIQUE
135 Dailly/Moscato : LATERALISATION ET LATERALITE CHEZ L'ENFANT
136 Bonnet/Tamine-Gardes : QUAND L'ENFANT PARLE DU LANGAGE
137 Bruyer : LES SCIENCES HUMAINES ET LES DROITS DE L'HOMME
138 Taulelle : L'ENFANT A LA RENCONTRE DU LANGAGE

139 de Boucaud : PSYCHOLOGIE DE L'ENFANT ASTHMATIQUE
140 Duruz : NARCISSE EN QUETE DE SOI
141 Feyereisen/de Lannoy : PSYCHOLOGIE DU GESTE
142 Florin *et al.* : LE LANGAGE A L'ECOLE MATERNELLE
143 Debuyst : MODELE ETHOLOGIQUE ET CRIMINOLOGIE
144 Ashton/Stepney : FUMER
145 Winkel *et al.* : L'IMAGE DE LA FEMME DANS LES LIVRES SCOLAIRES
146 Bideau/Richelle : PSYCHOLOGIE DEVELOPPEMENTALE
147 Schmid-Kitsikis : THEORIE CLINIQUE ET FONCTIONNEMENT MENTAL
148 Guggenbühl/Craig : POUVOIR ET RELATION D'AIDE
149 Rondal : LANGAGE ET COMMUNICATION CHEZ LES HANDICAPES MENTAUX
150 Moscato *et al.* : FONCTIONNEMENT COGNITIF ET INDIVIDUALITE
151 Château : L'HUMANISATION OU LES PREMIERS PAS DES VALEURS HUMAINES
152 Avery/Litwack : NEE TROP TOT
153 Rondal : LE DEVELOPPEMENT DU LANGAGE CHEZ L'ENFANT TRISOMIQUE 21
154 Kellens : QU'AS-TU FAIT DE TON FRERE?
155 Rondal/Henrot : LE LANGAGE DES SIGNES. *2ᵉ éd.*
156 Lafontaine : LE PARTI PRIS DES MOTS
157 Bonnet/Hoc/Tiberghien : AUTOMATIQUE, INTELLIGENCE ARTIFICIELLE ET PSYCHOLOGIE
158 Giovannini *et al.* : PSYCHOLOGIE ET SANTE
159 Wilmotte *et al.* : LE SUICIDE
160 Giurgea : L'HERITAGE DE PAVLOV
161 Ionescu : MANUEL D'INTERVENTION EN DEFICIENCE MENTALE N° 1
162 Ionescu : MANUEL D'INTERVENTION EN DEFICIENCE MENTALE N° 2
163 Pieraut-Le Bonniec : CONNAITRE ET LE DIRE
164 Huber : PSYCHOLOGIE CLINIQUE AUJOURD'HUI
165 Rondal *et al.* : PROBLEMES DE PSYCHOLINGUISTIQUE
166 Slukin : LE LIEN MATERNEL
167 Baudour : L'AMOUR CONDAMNE
168 Wilwerth : VISAGES DE LA LITTERATURE FEMININE
169 Edwards : VISION, DESSIN, CREATIVITE. *3ᵉ éd.*
170 Lutte : LIBERER L'ADOLESCENCE
171 Defays : L'ESPRIT EN FRICHE
172 Broome Walace : PSYCHOLOGIE ET PROBLEMES GYNECOLOGIQUES
173 Aimard : LES BEBES DE L'HUMOUR
174 Perruchet : LES AUTOMATISMES COGNITIFS
175 Bawin-Legròs : FAMILLES, MARIAGE, DIVORCE
176 Pourtois/Desmet : EPISTEMOLOGIE ET INSTRUMENTATION EN SCIENCES HUMAINES. *2ᵉ éd.*
177 Sloboda : L'ESPRIT MUSICIEN
178 Fraisse : POUR LA PSYCHOLOGIE SCIENTIFIQUE
179 Ruffiot : PSYCHOLOGIE DU SIDA
180 McAdams/Deliège : LA MUSIQUE ET LES SCIENCES COGNITIVES
181 Argentin : QUAND FAIRE C'EST DIRE...
182 Van der Linden : LES TROUBLES DE LA MEMOIRE
183 Lecuyer : BEBES ASTRONOMES, BEBES PSYCHOLOGUES : L'INTELLIGENCE DE LA 1ʳᵉ ANNEE
184 Immelmann : DICTIONNAIRE DE L'ETHOLOGIE
185 Collectif : ACTEUR SOCIAL ET DELINQUANCE
186 Fontana : GERER LE STRESS
187 Bouchard : DE LA PHENOMENOLOGIE A LA PSYCHANALYSE
188 Chanceaulme : MOURIR, ULTIME TENDRESSE
189 Rivière : LA PSYCHOLOGIE DE VYGOTSKY
190 Lecoq : APPRENTISSAGE DE LA LECTURE ET DYSLEXIE

191 de Montmolin/Amalberti/Theureau : MODELES DE L'ANALYSE DU TRAVAIL
192 Minary : MODELES SYSTEMIQUES ET PSYCHOLOGIE
193 Grégoire : EVALUER L'INTELLIGENCE DE L'ENFANT
194 Gommers/van den Bosch/de Aguilar : POUR UNE VIEILLESSE AUTONOME
195 Van Rillaer : LA GESTION DE SOI
196 Lecas : L'ATTENTION VISUELLE
197 Macquet : TOXICOMANIES ET FORMES DE LA VIE QUOTIDIENNE
198 Giurgea : LE VIEILLISSEMENT CEREBRAL
199 Pillon : LA MEMOIRE DES MOTS
200 Pouthas/Jouen : LES COMPORTEMENTS DU BEBE : EXPRESSION DE SON SAVOIR ?
201 Montangero/Maurice-Naville : PIAGET OU L'INTELLIGENCE EN MARCHE
202 Colin A. Epsie : LE TRAITEMENT PSYCHOLOGIQUE DE L'INSOMNIE
203 Samalin-Amboise : VIVRE A DEUX
204 Bourhis/Leyens : STEREOTYPES, DISCRIMINATION ET RELATIONS INTERGROUPES
205 Feltz/Lambert : ENTRE LE CORPS ET L'ESPRIT
206 Francès : MOTIVATION ET EFFICIENCE AU TRAVAIL
207 Houziaux : EDUCATION DU PATIENT ET ORDINATEUR
208 Roques : SORTIR DU CHOMAGE
209 Bléandonu : L'ANALYSE DES REVES ET LE REGARD MENTAL
210 Born/Delville/Mercier/Snad/Beeckmans : LES ABUS SEXUELS D'ENFANTS
211 Siguan : L'EUROPE DES LANGUES
212 de Bonis : CONNAITRE LES EMOTIONS HUMAINES
213 Retschitzki/Gurtner : L'ENFANT ET L'ORDINATEUR
214 Leyens/Yzerbyt/Schadron : STEREOTYPES ET COGNITION SOCIALE
215 Tiberghien : LA MEMOIRE OUBLIEE
216 Wynants : L'ORTHOGRAPHE, UNE NORME SOCIALE
217 Rondal : L'EVALUATION DU LANGAGE
218 Moreau : SOCIOLINGUISTIQUE, CONCEPTS DE BASE
219 Rouquette : LA CHASSE À L'IMMIGRÉ
220 Grubar/Duyme/Cote et al. : LA PRÉCOCITÉ INTELLECTUELLE DE LA MYTHOLOGIE À LA GÉNÉTIQUE. 2e éd.
221 Pomini et al. : THÉRAPIE PSYCHOLOGIQUE DES SCHIZOPHRÉNIES
222 Houdé et al. : DESCARTES ET SON ŒUVRE AUJOURD'HUI
223 Richelle : DÉFENSE DES SCIENCES HUMAINES
224 Leclercq : POUR UNE PÉDAGOGIE UNIVERSITAIRE DE QUALITÉ
225 Gillis : L'AUTISME ATTRAPÉ PAR LE CORPS
226 Pithon : LES TENDANCES ACTUELLES DE L'INTERVENTION PRÉCOCE EN EUROPE
227 Montangero : RÊVE ET COGNITION
228 Stern : LA FICTION PSYCHANALYTIQUE
229 Grégoire : L'ÉVALUATION CLINIQUE DE L'INTELLIGENCE DE L'ENFANT
230 Otte : LES ORIGINES DE LA PENSÉE
231 Rondal : LE LANGAGE : DE L'ANIMAL AUX ORIGINES DU LANGAGE HUMAIN
232 Gauthier : POUVOIR ET LIBERTÉ EN POLITIQUE - ACTUALITÉ DE SPINOZA
233 Zazzo : UNE MÉMOIRE POUR DEUX

Manuels et Traités

Droz-Richelle : MANUEL DE PSYCHOLOGIE. 5e éd.
Rondal-Esperet : MANUEL DE PSYCHOLOGIE DE L'ENFANT. Nlle éd.
Rondal-Seron : LES TROUBLES DU LANGAGE. Nlle éd.
Fontaine-Cottraux-Ladouceur : CLINIQUES DE THERAPIE COMPORTEMENTALE. 2e éd.
Godefroid : LES CHEMINS DE LA PSYCHOLOGIE. 2e éd.
Seron-Jeannerod : NEUROPSYCHOLOGIE HUMAINE. 2e éd.